Sprache und Sprechen, Band 30:

Frauensprechen – Männersprechen
Geschlechtsspezifisches Sprechverhalten

Sprache und Sprechen
Beiträge zur Sprechwissenschaft und Sprecherziehung

Herausgegeben von der
Deutschen Gesellschaft für Sprechwissenschaft
und Sprecherziehung e.V. (DGSS)

Redaktion:

Dieter Allhoff, Regensburg
Geert Lotzmann, Heidelberg
Klaus Pawlowski, Göttingen
Rudolf Rösener †, Münster

unterstützt von

Henner Barthel, Berlin
Norbert Gutenberg, Saarbrücken
Christa M. Heilmann, Marburg
Carl Ludwig Naumann, Hannover
Margit Reinhard-Hesedenz, Saarbrücken
Brigitte Teuchert, Regensburg

Die Reihe wurde 1968 von Prof. Dr. W. L. Höffe und Prof. Dr. H. Geißner begründet. Die Bände 1–7 wurden in Verbindung mit der DGSS von W. L. Höffe und H. Geißner, die Bände 8–25 im Namen der DGSS von H. Geißner herausgegeben.

Christa M. Heilmann (Hrsg.)

Frauensprechen – Männersprechen

Geschlechtsspezifisches Sprechverhalten

Mit Beiträgen von

Susanne Becker · Elisabeth Böhm · Gudrun Fey · Christa M. Heilmann · Albert F. Herbig · Beate Josten · Helga Kotthoff · Verena Rauschnabel · Margit Reinhard-Hesedenz · Antje Schmidt · Jo E. Schnorrenberg · Edith Slembek · Caja Thimm · Roland W. Wagner

Ernst Reinhardt Verlag München Basel

Dieser Band ist *Prof. Dr. Lothar Berger* zum 70. Geburtstag gewidmet.

Die Deutsche Bibliothek – CIP-Einheitsaufnahme

Frauensprechen – Männersprechen : geschlechtsspezifisches
Sprechverhalten / Christa M. Heilmann (Hrsg.). Mit Beitr. von
Susanne Becker ... – München ; Basel : Reinhardt, 1995
  (Sprache und Sprechen ; Bd. 30)
  ISBN 3-497-01373-0
NE: Heilmann, Christa M. [Hrsg.]; Becker, Susanne; GT

Printed in Germany

Inhalt

Vorwort

Im August 1994 lud die Deutsche Gesellschaft für Sprechwissenschaft und Sprecherziehung (DGSS) in Verbindung mit der Philipps-Universität Marburg zur 4. Zwischentagung ein. Einer guten Tradition folgend finden diese Arbeitstagungen mit Workshop-Charakter zwischen zwei Haupttagungen statt und ermöglichen intensive fachliche Auseinandersetzungen im kleineren Rahmen.

Daß diese Tagung 1994 in Marburg stattfinden konnte, ist besonders erfreulich, weil zum Erscheinen des Tagungsbandes 1995 die heutige Abteilung für Sprechwissenschaft auf 75 Jahre erfolgreicher Arbeit an der Marburger Universität zurückblicken kann.

Für das WS 1920/21 erhielt Fritz Budde am späteren Lektorat für Vortragskunst und Theaterkunde den ersten Lehrauftrag. Diese sprechkünstlerisch-sprecherzieherische Arbeit erhielt durch Christian Winkler, der 1950 nach Marburg kam, einen neuen Schwerpunkt: die sprecherzieherische Arbeit mit Lehramtsstudierenden. Seine umfangreiche wissenschaftliche Arbeit, dokumentiert in einer Vielzahl von Publikationen zu allen Teilbereichen des Faches, gehört nach wie vor zur fachlichen Grundlagenliteratur.

Im Verlaufe der universitären Umstrukturierung entwickelte sich das Lektorat für Sprechkunde zur Abteilung für Sprechwissenschaft, seit 1969 unter der Leitung von Lothar Berger. So dürfen wir anläßlich der Tagung Lothar Berger für 25 Jahre intensiver Arbeit für die Marburger Sprechwissenschaft danken und ihm mit dem Erscheinen dieses Bandes zu seinem 70. Geburtstag gratulieren. Wenngleich das Tagungsthema eher ein Arbeitsschwerpunkt seiner Nachfolgerin ist, so konnte sie doch auf seinen kontinuierlichen sprechwissenschaftlichen Bemühungen aufbauen und Marburg erneut (Sprache und Sprechen Bd. 13, hrsg.v.Lothar Berger, ist das Ergebnis der letzten Marburger DGSS-Haupttagung 1983) zur Stätte wissenschaftlicher Begegnung werden lassen.

Die kontrovers diskutierte Thematik "Typisch weiblich – typisch männlich?" stieß trotz des Urlaubsmonats auf große Resonanz, so daß im ausgebuchten Hause (Schloß Rauischholzhausen) eine intensive Arbeitsatmosphäre entstehen konnte.

Da der Handlungsbedarf zum Überdenken weiblicher und männlicher Sozialrollen – also auch Sprechrollen – von Frauen ausging, werden Themen wie das dieser Tagung häufig als "Frauenthemen" mißdeutet.

So fanden auch hier der Untertitel *"Sprecherziehung im Spannungsfeld der Geschlechter"* und der in Vorahnung auf Mißdeutungen explizit erläuterte Einladungstext *"Um Irrtümern vorzubeugen: Es handelt sich also nicht, wie mitunter voreilig verkürzt zu hören war, um ein 'Frauenthema', sondern um die geschlechtsgeprägten Besonderheiten des mündlichen Kommunikationsprozesses, hervorgerufen durch das Sprechverhalten sowohl von Frauen als auch von Männern"* doch nicht ausreichend Beachtung (in einem der Beiträge wird die Irritation explizit geäußert), denn es war sowohl unter den Referierenden als auch unter den Teilnehmenden die Zahl der weiblichen Interessierten deutlich höher als die der männlichen.

Trotz des Geschlechterungleichgewichts bei den anwesenden Personen zeigte der inhaltliche Tagungsverlauf eine erfreuliche Ausgeglichenheit in dem gemeinsamen Anliegen, durch verbesserte Wahrnehmungsfähigkeit, intensivere Sensibilität und erweitertes Wissen in bezug auf das Sprechverhalten der jeweils anderen Gruppe und deren Rollenabhängigkeiten, die Fähigkeit zum "Miteinander sprechen" zu verbessern, Verständigung eher möglich zu machen.

Inhalte, Atmosphäre und Ergebnisse einer Workshop-Arbeitstagung in gedruckten Texten wiederzugeben, ist ein schwieriger Prozeß. Nicht alle Referierenden teilten die Auffassung der Herausgeberin, sich dieser Herausforderung stellen zu wollen. So fehlen bedauerlicherweise die Beiträge zweier Referenten. Um so erfreulicher ist es, daß Kolleginnen, die an der Tagungsteilnahme verhindert waren, sich dennoch zu einem Beitrag bereitfanden.

Der Schwerpunkt der Themen lag auf rhetorischen Gesprächsverläufen, sowohl in der Darstellung theoretischer Grundpositionen (Kotthoff, Thimm) als auch in der Analyse akademischer Lehrsituationen (Schmidt, Wagner), spezieller Medienrhetorik (Becker) oder geschlechtsbezogenem Redeverhalten in Rhetorikkursen (Fey).

In jedem Falle wird die Situationsanalyse vom jeweiligen Rollenverständnis geprägt, so daß es als folgerichtig erschien, dieses zu thematisieren (Schnorrenberg).

Zwei Beiträge befassen sich mit Didaktisierungsmöglichkeiten geschlechterdifferenzierenden Sprechens (Heilmann, Herbig), und eine kleine Literaturrecherche verdeutlicht, in welcher Weise die Frau in der Fachliteratur "vorkommt" (Reinhard-Hesedenz).

Dieser Aufsatz leitet zum zweiten Themenschwerpunkt über, den geschlechtstypischen und den geschlechtsspezifischen Unterschieden und Gemeinsamkeiten im Bereich Atmung/Sprechbildung. Die Beiträgerinnen (Josten, Rauschnabel) betonen besonders die Notwendigkeit der Ausgewogenheit unterschiedlichster Anteile für einen physiologischen, resonanzreichen Stimmklang und rücken von einer polarisierenden Sichtweise nachdrücklich ab.

Unter welcher Bewertung Frauenstimmen für die Medien ausgewählt und Hörerwartungen erzeugt werden (Slembek) und inwieweit es sich bei Moderatorinnen tatsächlich um einen "Traumberuf" (Böhm) handelt, stellen die medienbezogenen Artikel in einem dritten Schwerpunkt dar.

So stellt dieser Band insgesamt ein breitgefächertes Spektrum zu einem Thema vor, das in den letzten Jahren durch die Tendenz zur Ent-Polemisierung zu einer neuen Focussierung auf der Sachebene gefunden hat.

Die vorliegenden Beiträge sind als Anregungen zu verstehen, die Diskussion zu diesem Themenbereich auch in der Sprechwissenschaft explizit werden zu lassen.

Dank sagen möchte ich der Marburger Philipps-Universität für ihre großzügige Unterstützung, insbesondere dem FB 08, und dem damaligen Dekan dieses Fachbereiches für seine einstimmenden und reflektierenden Begrüßungsworte.

Bei den Studierenden und Absolventinnen der Marburger DGSS-Prüfstelle möchte ich mich bedanken für ihre intensive Mitarbeit an der Vorbereitung und während der Durchführung der Tagung, besonders bei Katja Franz und Nadja Tahmassebi. Ich bedanke mich bei der SprecherInnengruppe "Larynx und Lyrix" für eine engagierte Zeit der Programmerarbeitung und eine gelungene Aufführung, und mein ganz besonderer Dank gilt Maria Bickert für die aufwendige und schwierige Erstellung der Druckformatsvorlagen.

Marburg, im Februar 1995   Christa M. Heilmann

SUSANNE BECKER

Ansätze zu einer inhaltlichen Beschreibung von Unterbrechungen in öffentlichen Gesprächen am Beispiel von Talkshows

1. Geschlechtsspezifische Formen der Unterbrechung?
Klärung des Gegenstandes und seines Nutzens

Unterbrechungen sind ein vielseitig untersuchtes Phänomen in Gesprächen. Sie werden als Regelverstoß gegen konventionelle Formen der Höflichkeit oder auch als patriarchal dominantes Machtgehabe verstanden. Von besonderem Interesse für die Beschäftigung mit der Unterbrechung ist ihre Einbettung in den Gesprächszusammenhang. Spätestens mit der Variante der Unterbrechung, die eine gewisse penetrante Geschwätzigkeit von Gesprächsteilnehmern und Gesprächsteilnehmerinnen[1] unterbindet, wird es fragwürdig, ob die Unterbrechung nicht auch ein notwendiges Element des Sprecherinwechsels darstellt. An diesem Punkt des Nachdenkens ist es wichtig Unterscheidungskriterien zu besitzen, die Unterbrechungen inhaltlich beschreiben und eine qualitative Auseinandersetzung über ihre "Zulässigkeit" ermöglichen. Genau diese Kriterien sind in der Diskussion innerhalb der Linguistik wenig entwickelt. So finden sich Ansätze zur formalen Beschreibung des Sprecherinwechsels u. a. bei Sacks, Schegloff und Jefferson (1974), die außerordentlich hilfreich sind, um das Phänomen der Unterbrechung von anderen Formen des Sprecherinwechsels abzugrenzen. Diese Unterscheidungskriterien entziehen sich aber jeglicher inhaltlicher Wertung. Ganz anders sind demgegenüber die gesprächsanalytischen Arbeiten der Feministischen Linguistik in den 80iger Jahren nur auf eine quantitative Ermittlung der Häufigkeit bestimmter Gesprächsphänomene ausgerichtet, die leider zu schnell mit Bewertungen überfrachtet wurden. Die bekannte Unterscheidbarkeit des männlichen und weiblichen Gesprächsstils in den dominant-männlichen und kooperativ-weiblichen, befriedigte stereotype klischeehafte Meinungsbilder innerhalb eines politischen Diskurses. Heute werden diese Untersuchungen immer häufiger aufgrund ihrer Ungenauigkeit widerlegt, was letztendlich die Diskussion ad absurdum führt, welche Rolle den Geschlechtern in Geprächen zukommt.

---

[1] Da der Verlag die Vorgabe gemacht hat, das ökonomische Splitting zu unterlassen, werde ich ab jetzt lediglich die weibliche Form benutzen. Leserinnen männlichen Geschlechts sind also ausdrücklich mitgemeint.

Die Frage bleibt also bisher unbeantwortet, wie sich strukturelle Gewalt in Gesprächen widerspiegelt. Aus der Forderung Gräßels (1991), qualitative und formale Abgrenzungskriterien zu entwickeln, ist ein umfassendes Analyseraster zur inhaltlichen Beschreibung von Unterbrechungen entstanden.

1.2. Problematisierung des Untersuchungsrahmens "Talkshow"

Anhand verschiedener Talkshows will der Artikel die Brauchbarkeit und Handhabung dieses Rasters vorstellen. Talkshows eignen sich für diese Beobachtungen besonders gut. Sie sind Zugpferde der Sendeanstalten für garantiert hohe Einschaltquoten. Es geht dabei selten um eine angemessene seriöse Themendarstellung, sondern um die Sensation, wie Kalverkämper dies bereits 1979 feststellte: "... von Seiten des Zuschauers liegt die Show im Beschauen des Agierenden, in dem verhaltenen Warten auf den Patzer, die decouvierende Geste, den Wutanfall, die Blamage, mit der Vorfreude auf den Moment, wo der Prominente sein Rollenklischee sichtbar abstreift, ertappt wird bei einer rollenkonformen Falschinformation, wo er 'nackter' dasteht, 'so wie man in Bombennächten, bei Flugzeugabstürzen, bei Ehekrächen und anderen Katastrophen ist' " (Kalverkämper 1979, 416). Kurz, der Regelverstoß ist als gewollt und geplant anzusehen. Nicht nur die Moderation, sondern auch die Gäste haben in der Talkshow weitgehend vorgegebene Rollen: Sie wissen, daß sie aufgrund irgendeiner Besonderheit ihrer Person eingeladen sind. Sie kennen das Thema, über das sie sprechen und wissen meist, wie sie sich, gemäß des Mediums Fernsehen, präsentieren müssen. Ihre Intention ist Showbusiness, Meinungsbildung, "Propaganda" (Holly/Kuhn/Püschel 1989, 1) im "wertneutralen" Sinn. Ebenfalls ist den Gästen klar, daß die Showmasterin sie aus der Reserve locken will. (Menne 1993, 188f)

Auf der direkten Kommunikationsebene der Moderation zum Gast besteht also intersubjektiv eine doppelt reziproke Interaktionshaltung, die für die Beteiligten noch nicht einmal inhaltlich – denn die Gäste kennen einander und ihre Meinungen bereits vor der Sendung – Überraschungen in sich birgt. Deshalb schreiben Holly u. a., daß sogar politische Fernsehdiskussionen und Diskussionen nichts miteinander gemein haben. Um wieviel weniger haben dann Talkshowdiskussionen etwas mit "miteinander Sprechen" zu tun? "Es ist eine neue medienspezifische Gesprächssorte entstanden, die allerdings keine starre Struktur aufweist, sondern in vielen Varianten mit gewissen 'Familienähnlichkeiten' existiert. [...] Aber nach einer ungetrübten Betrachtung des kommunikativen Rahmens dieser Sendung kann es in detaillierten Analysen eigentlich nicht mehr darum gehen, ob solche Sendungen einen Diskussionscharakter lediglich vorspielen, sondern um die exemplarische Darstellung, wie und in welchen Regelvarianten solche Gespräche ablaufen." (Holly/Kuhn/Püschel 1989, 2)

2. Ansätze inhaltlicher Beschreibung von Unterbrechungen am Beispiel von Talkshows

2.1. Formale Abgrenzung der Unterbrechung

Die inhaltliche Beschreibung von Unterbrechungen kommt nicht umhin, zunächst den formalen Rahmen ihres Gegenstands zu beschreiben. "Was ist ein Sprecherwechsel? Man kann ihn bestimmen als Übergang der Rede von einem Sprecher zu einem Hörer, wobei der ursprüngliche Sprecher zum Hörer und der ursprüngliche Hörer zum Sprecher wird. [...] Die Praxis allerdings zeigt auch, daß es eine große Zahl von Fällen gibt, in denen der Sprecherwechsel mit bestimmten Komplikationen verbunden ist. In der linguistisch-kommunikativen Beschreibung bieten diese Fälle einige Schwierigkeiten." (Rath 1979, 37)

Die "Schwierigkeiten", die Rath anspricht, bestehen darin, daß die Definitionen des Sprecherinwechsels und der Unterbrechung noch nicht vereinheitlicht sind. So kann es dazu kommen, daß Untersuchungen über die Häufigkeit von Unterbrechungen in Gesprächen Ergebnisse haben, die nicht zu vergleichen sind, da nicht dasselbe Phänomen betrachtet wurde. In der Literatur wird der Sprecherinwechsel in folgende Typen von Wechseln unterteilt: Fremdwahl, Selbstwahl (Wechsel nach Unterbrechung, "glatter" Wechsel, Wechsel nach Pause, Überlappungen). Rath und Henne/Rehbock ordnen Unterbrechungsversuche und Hörerinsignale nicht zu den Unterbrechungen. Diese Meinung läßt sich auf der inhaltlichen Beschreibungsebene nicht bestätigen, da jede simultane Äußerung den Inhalt des Turns verändert. Es gibt z. B. auch turnbeanspruchende Signale (claiming-of-the-turn-signals), mit denen die Gesprächsteilnehmerin versucht, die Sprecherinrolle zu erlangen, sich aber nicht durchsetzen kann. Henne/Rehbock sind der Ansicht, daß es während eines Turns längere "Intermezzi" (1982, 27) geben kann, ohne daß ein Sprecherinwechsel eintritt. Oben genannte Gründe sprechen dagegen. Eindeutig themen- und gesprächssteuernde Unterbrechungsversuche und Hörerinsignale zählen zu den unterbrechenden Turns.

Die Unterbrechung gehört zu den Sprecherinwechseln mit Selbstwahl, denn der Turn wird ohne vorherige Aufforderung durch die Sprecherin oder Gesprächsleiterin unterbrochen. In der Unterbrechung stoßen die Interessen der aktuell sprechenden Person frontal mit dem Sprechwunsch einer aktuell hörenden Person aufeinander. Rath definiert die Unterbrechung in folgender Weise: "Was heißt Unterbrechung? Zwei Aspekte sind hier von Bedeutung: Der Sprecher hat seinen Sprecherbeitrag noch nicht beendet, und er hat die Absicht, weiterzureden. Ein Hörer hat die Absicht, einen Sprecherbeitrag zu beginnen, der Sprecher ist noch nicht mit seinem Sprecherbeitrag zu Ende und der Hörer macht den Versuch, den Sprecher zu veranlassen, mit Sprechen aufzuhören. Da der Sprecher in der Regel nicht gleich (oder überhaupt nicht) aufhört mit Sprechen, wenn der Hörer einen Unterbrechungsversuch macht, kommt es zu mehr oder weniger langen simultanen Redesequenzen." (Rath 1979, 53). Diese Definition ist Ausgangsbasis für die inhaltliche Beschreibung von Unterbrechungen. Dabei bleibt es schwer, die Bereiche Überlappung, Hörerinsignal und Unterbrechung eindeutig zu trennen. Es unterliegt daher teilweise individueller hermeneutischer Freiheit zu unterscheiden, was zu den Unterbrechungen zählt und was nicht. (Geißner 1988[2], 128ff)

Durch die Vielzahl der Gesprächsanalysen mit scheinbar gleichen Ergebnissen (vgl. Feministische Linguistik) ist es fraglich, ob das Unterbrechen Zeichen für gesellschaftliche Dominanz ist bzw. Nicht-Unterbrechen ein Zeichen für faires Gesprächsverhalten. So untersuchte die Feministische Linguistik die Quantität der Unterbrechungen von Männern gegenüber Frauen. (u. a. Trömel-Plötz 1982). Diese wurden meist im Sinne der Forschungshypothesen zur Analyse herangezogen. Doch mehren sich die Zweifel an dieser Art der Analyse. Der stärkste Vorwurf lautet, daß die Untersuchungen ungenau mit dem Begriff der Unterbrechung umgehen (Gräßel 1991, 43ff).

2.1.1. Zusammenfassung

Die Problematik der Unterbrechung in öffentlichen Gesprächen liegt darin, daß die Frage, wie die Unterbrechung einzuordnen ist, ob sie gesprächsförderlich oder hinderlich ist, noch nicht geklärt ist. In jedem Fall stellt sie einen Verstoß gegen die konventionelle Regel dar, Personen ausreden zu lassen. In öffentlichen Gesprächen kann häufiges Unterbrechen zur Folge haben, daß diese Handlungsweise zum Vorbild für den gesellschaftlichen Diskurs wird. Talkshows führen Beispielgespräche vor, deren Unterhaltungscharakter oft gerade in dem Regelverstoß zu suchen ist. Um unterbrechen zu können, bedarf es eines dominanten Auftretens. Feministinnen fanden heraus, daß diese Dominanz meist bei Männern zu finden ist, während Frauen die Unterbrochenen sind, denen wie Kindern das Wort erteilt und entzogen wird. Ob diese These haltbar bleibt, kann Antwort einer Analyse mit quantitativen und qualitativen Beschreibungsparametern sein. Die qualitativen, d. h. inhaltlichen Parameter sind wenig entwickelt.

2.2. Entwicklung inhaltlicher Beschreibungskriterien

Für eine inhaltliche Beschreibung wird zu dieser formalen Klärung des Ausgangspunktes der Ursprung der Motivation zur Unterbrechung wichtig. Was motiviert also zur Unterbrechung? In dem wechselseitigen Gefüge eines Gesprächs müssen mindestens zwei Seiten betrachtet werden. Eine Unterbrechung kann durch die Art und Weise des Turns provoziert worden sein, den sie gerade unterbricht. Folglich muß auch der Turn betrachtet werden, der unterbrochen wird. Diese Sprecherinprovokation kann sowohl mit als auch ohne Themenbezug sein. Auf der anderen Seite kann die Intention zur Unterbrechung mehr auf der Seite der unterbrechenden Person liegen. Diese Unterbecherinintention hat ebenfalls Themenbezug oder keinen Themenbezug.

Einteilung der Unterbrechung in
Sprecherinprovoziert oder Unterbrecherinintendiert
Jeweils mit Themenbezug oder ohne Themenbezug

Die inhaltliche Beschreibung einer Unterbrechung bzw. eines unterbrochenen Turns muß desweiteren aus drei Richtungen geschehen: (A) Von der Unterbrechungsart bzw. Turnart, die zu Analysezwecken untergliedert wird. Die verwendeten Untergliederungspunkte bedürfen einer klaren Abgrenzung und Definition. (B) Von den vier möglichen Wirkungsrichtungen und diesen unterzuordnenden Haltungen. Wirkungsrichtungen sind hierbei die vier Aspekte einer Nachricht, wie sie u. a. von Schulz von Thun beschrieben werden (1981, 13ff). Die Haltungsbegriffe sind von Burkhardt (1992, 298ff) entnommen. Jovial ist freundlich herablassendes "väterliches" Gebaren von Männern gegenüber Frauen. Bovial ist ignorantes, aggressives und störendes Handeln von Männern gegenüber Frauen. Chauvial offensichtlich frauenverachtendes Handeln im "typischen Macho-Wortschatz". Neutrale und unsichere Haltungen sollen andere Haltungsmöglichkeiten aufgreifen, insbesondere eine weibliche Haltung, die Männer zu einer der anderen Haltungen provoziert. (C) Von dem Geschlecht.

So ergeben sich zur Vereinfachung sechs Analyseraster:

Sprecherinprovozierte Turns mit Themenbezug

Turnart: rhetorische Frage, provokanter Inhalt oder Vorwurf

Wirkungsrichtung: Sach-, Beziehungs-, Selbstoffenbarungs-, oder Appellebene;
Jeweils mit der Haltung: neutral, jovial, bovial, chauvial oder unsicher

Geschlecht der Sprecherin bzw. des Sprechers

Sprecherinprovozierte Turns ohne Themenbezug,
die eine Unterbrechung zur Folge haben

Turnart: Abschweifen, stockendes Reden, leises Sprechen
oder Zurücknahme

Wirkungsrichtung und jeweilige Haltung (siehe 1.)

Geschlecht der Sprecherin bzw. des Sprechers

Unterbrecherinintendierte Unterbrechungen mit Themenbezug
und zustimmendem Grundcharakter

Unterbrechungsart: positive Nachfrage, Ergänzung, Zusatz,
Bestätigung, Statement, Kenntnis mitteilen, (Auf-)Forderung oder rhetorische Frage

Wirkungsrichtung und jeweilige Haltung (siehe 1.)

Geschlecht

Unterbrecherinintendierte Unterbrechungen mit Themenbezug
und ablehnendem Grundcharakter

Unterbrechungsart: Frage (ironisch), Feststellung (ironisch),
Zurückweisung, Anzweifeln, Bestreiten, Aufforderung, Abqualifikation,
Einwand oder Themenwechsel

Wirkungsrichtung und jeweilige Haltung (siehe 1.)

Geschlecht

Unterbrecherinintendierte Unterberechungen ohne
Themenbezug und personbezogenen Grundcharakter

Unterbrechungsart: Anzweifeln, Feststellung, Statement, Verunglimpfung,
Kompliment, Vorwurf der Lüge, Vorwurf oder Frage

Wirkungsrichtung und jeweilige Haltung (siehe 1.)

Geschlecht

Unterbrecherinintendierte Unterbrechungen ohne
Themenbezug und bezuglosem Grundcharakter

Unterbrechungsart: verspätete Frage, Desinteresse bekunden oder Selbstdarstellung

Wirkungsrichtung und jeweilige Haltung (siehe 1.)

Geschlecht

---

3. Fazit der Untersuchung von Unterbrechungen in Talkshows

Nachdem die möglichen Unterbrechungsarten im vorhergehenden Abschnitt
erklärt wurden, folgt nun das Fazit einer Überprüfung der Beschreibungskrite-
rien. Dieses wurde aus den Talkshows "NDR-Talkshow" am 22. 10. 93, "Talk
im Turm" in Sat 1 vom 24. 10. 93, "Live", die ZDF-Talkshow am 28. 10. 93 und
"So! Christian Berg und Gäste" im NDR am 29. 10. 93 gezogen. Mit Hilfe der

Ereignistranskription (Ehrlich/Switalla 1977) wurde die Analyse vorgenommen. Daher sind ausschließlich die zu untersuchenden Ereignisse, die Unterbrechungen, transkripiert und das Talkshowgespräch ansonsten alltagssprachlich wiedergegeben. Die paraverbalen Äußerungsformen der Gesprächsteilnehmerinnen werden nur genannt, wenn sie deutlich vom gesprochenen Wort abweichen. So gibt es beispielsweise einen Turn, welcher auf der verbalen Ebene als Kritik verstanden werden müßte – ist aber als solcher nicht gemeint – da er auf der paraverbalen Ebene deutlich eine positive Bezugnahme in Form eines Lächelns und eines aufmunternden, freundlichen Tones, gibt.

Die Ergebnisse der Untersuchung, basieren auf einer ausgedehnten Untersuchung. Denn das Ziel ist nicht die Analyse der Talkshow an sich, sondern das Überprüfen eines Analyseansatzes in bezug auf inhaltliche Beschreibungen von Unterbrechungen.

Bevor mit den Analyseergebnissen fortgefahren wird, soll exemplarisch verdeutlicht werden, wie genau mit den Beschreibungsparametern verfahren wird.

Das Beispiel zeigt eine entkräftende Unterbrechung von Frau Schwaetzer (T5) gegenüber Hannah Renate Laurien (T4) in der Talkshow "Talk im Turm". Frau Laurien preist Berlin als Hauptstadt eines modernen Nationalstaates an:

T4: (...) das ist nicht ein zentralistischer Ort+
T5: Das wollen wir+
T4: nationalistischer Form+
T5: Das wollen wir hoffen, daß das Berlin nicht wird!+
T4: sondern das ist eine un-(...) Ausgeschlossen ist das!
T5: Ausgemacht ist das noch lange nicht!
T4: Doch, wenn sie dran sind und wir alle und die Menschen die hier sitzen dabei sind
T5: Frau Laurien+
T1: +++
T5: was sie gerade beschrieben haben, hätte mit einer Hauptstadt Bonn selbstverständlich ganz genauso gut funktionieren können.
T4: Es hat+
T5: Möglicherweise vielleicht noch besser+
T4: Ich laß' mich da nicht+
T5: und es ist entschieden+
T4 Frau Schwaetzer, ich laß mich da nicht provozieren+
T5: Trotzdem das ist heute überhaupt nicht mehr das Thema+
T4: sondern ich sage Bonn+
T5: sondern das Thema ist, hier hat eine Mehrheit entschieden und wir müssen die Entscheidung umsetzen.
T4: Nein, aber die Bevölkerung+
T5: Aber, daß unser Staat in Bonn genauso gut diesen Prinzipien hätte leben können, daran gibt es doch überhaupt keine Zweifel.+
T4: Verzeihen Sie, da widerspreche ich. Bonn hat vorbildlich diese Rolle, in der Einbindung vorbildlich erfüllt. Großartig. Aber, wenn jetzt die Vereinigung da ist, ist das Wir-Gefühl eben nicht in einem westlichen Deutschland, sondern in einer Stadt, in der sich West und Ost begegnen.
T5: Also, das Wir-Gefühl hab' ich hier noch nicht so ganz erlebt.

T4: Und-
[Applaus]
T4: Verzeihen Sie. (...)

Die Entkräftung (Unterbrechungsart) findet auf der Sach-, Beziehungs- und Selbstoffenbarungsebene (Wirkungsebenen) statt; die Haltung ist neutral. Auf der Sachebene heißt die Unterbrechung: Bonn ist genau wie Berlin eine Hauptstadt, die dem modernen Nationalstaatsgedanken genügt. Auf der Beziehungsebene bedeutet die Unterbrechung: Frau Schwaetzer unterstellt Frau Laurien, daß man bei ihr aufpassen müsse, damit sie Berlin nicht zu einer zentralistischen Hauptstadt hochstilisiere. Auf der Selbstoffenbarungsebene zeigt die Unterbrechung, daß Frau Schwaetzer Bonn als Hauptstadt genauso lieb wäre wie Berlin.

Die Wirkung auf Frau Laurien liegt innerhalb der Beziehungsebene. Sie fühlt sich provoziert, was sie durch ihre Reaktion deutlich zeigt. Die Unterbrechungsart ist als Entkräftung zu bezeichnen, weil sie eine energischere Zurückweisung darstellt, als der Widerspruch. Frau Schwaetzer will deutlich den Eindruck vermeiden, daß Berlin in die Nähe einer zentralistisch-nationalstaatlichen Hauptstadt gerückt wird.

3.1. Vorteile dieser inhaltlichen Beschreibung von Unterbrechungen

Die Unterbrechung in ihrer Gesprächseinbettung wird diskutierbar. Es gibt Kriterien, die, offen dargestellt, den Analysehintergrund einer Untersuchung verdeutlichen. Die damit einhergehende Subjektivierung ist gewollt und nützlich in Hinblick auf die Fragestellung, wie der Umgang von Gesprächsteilnehmerinnen miteinander einzuschätzen ist. Weitergehende Befragungen könnten zu größerer Vereinheitlichung in Hinblick auf verallgemeinerbare Ergebnisse führen.

Zu den Kriterien im Einzelnen kann bisher gesagt werden:

(A) Die Unterbrechungsarten

Eine Unterbrechung kommt selten allein. Wenn jemand mit Unterbrechungen beginnt, kommt es meist zu einer Vielzahl von Folgeerscheinungen, die es schwer machen, Unterbrecherin und Sprecherin auseinanderzuhalten. In der Untersuchung der Talkshows haben sich 17 unterschiedliche voneinander abzugrenzende Unterbrechungsarten gefunden. Auf seiten der Turns, die zu einer Unterbrechung reizen, sind sowohl die inhaltliche Provokation als auch der Vorwurf deutlich zu beobachten. Durch die Unterscheidung dieser Vielzahl von Unterbrechungsarten wird eine differenzierte Kategorisierung auf der inhaltlichen Beschreibungsebene erst möglich. Es gab bei der Überprüfung der Talkshows keine Unterbrechungen ohne Themenbezug und mit Personbezug. Dies wäre hypothetisch der stärkste Ausdruck dominanter Sprechhandlungen gewesen. Es waren deutlich mehr Unterbrechungen mit ablehnendem Charakter zu finden. Unterbrechungen sind also eher ein Zeichen der Ablehnung als der Zustimmung. Sie dienen aber, weil der Themenbezug erhalten bleibt, der Problematisierung bestimmter Thesen. Dominanzgefälle zwischen Gesprächsteilnehmerinnen und deren sprecherischer Ursprung lassen sich durch diese nuanciertere Kategorisierung besser darstellen, als mit quantitativen Feststellungen. Quantitative Aussagen lassen sich hinsichtlich des Geschlechterverhältnisses schon deshalb nicht machen, weil nur mit den feinen Möglichkeiten der Statistik die ungleiche Verteilung der Geschlechter in Talkshows auszugleichen wäre. Obwohl der Versuch unternommen wird bei der NDR-Talkshow und in der ZDF-Talkshow LIVE Frauen an der Moderation teilhaben zu lassen, ist auf der Ebene der eingeladenen Gäste ein krasses Mißverhältnis zu ungunsten der Frauen festzustellen.

Gesprächs- und Themenkontrolle gehen mit der Akzeptanz der Unterbrechung einher.

Die Frage, ob es geschlechtsspezifische Unterschiede bei den gefundenen Unterbrechungsarten gab, kann mit "ja" beantwortet werden. Es gab Unterbrechungsarten, die nur von Frauen oder von Männern gebraucht wurden. Männer unterbrachen in sieben Unterbrechungsarten: mit der positiven Nachfrage, der Bestätigung, dem zustimmenden Statement, der zustimmenden rhetorischen Frage, der ironischen Frage, dem Bestreiten und der Aufforderung. Ein wesentlicher Bereich dieser Unterbrechungsarten bezieht sich positiv auf den Turn der unterbrochenen Person und drückt Unterstützung aus. Die Wirkung, die diese Unterbrechungsarten auf das Publikum haben, müßte m. E. so aussehen, daß Männer einen solidarischen Eindruck machen. In Korrelation mit dem Ergebnis aus dem Haltungsparameter – joviale und boviale Haltung gibt es nur bei Männern gegenüber Männern – ergibt sich das Bild einer ausgeprägten Streit- und Solidarisierungskultur, vermittelt über das Medium Talkshow. Die einzige Unterbrechungsart, die ausschließlich von Frauen verwendet wurde, war der Einwand. Mit dem Ergebnis, daß sich positiv auf ihren Einwand bezogen wurde und das Thema sich im Sinne des Einwandes veränderte. Der Einwand stellte sich als eine sehr sachliche Unterbrechungsart heraus.

(B) Wirkungsrichtungen

Die Inhalte der Unterbrechungen, auf unterschiedlichen Wirkungsebenen, stellten sich der Annahme gemäß unterschiedlich dar. Das Beispiel zeigt deutlich, wie unterschiedlich diese verstanden und gemeint sein können. Wenn dann noch mitbedacht wird, daß die Wirkung auf die Gesprächsteilnehmerin nicht entsprechend der gemeinten Ebene ausfallen muß, wird deutlich, wie Unterbrechungen mißverstanden werden können.

Die Sachebene nahm bei den untersuchten Talkshows den größten Raum ein. Dies lag an der Auswahl der Talkshows, in denen ein sehr "gesitteter" Umgang gepflegt wurde. Streitshows, wie z. B. der "Heiße Stuhl" in Sat 1 und RTL, arbeiten viel mehr mit dem Sensationscharakter der Unterbrechung auf der Beziehungsebene. Der Inhalt der Sachebene fällt dabei oft nicht mehr ins Gewicht. Die starke Konzentration auf die Sachebene schmälerte den Unterhaltungswert der Sendungen erheblich. Der Informationsgehalt stieg mit der Zunahme der Unterbrechungen auf der Sachebene. Es ließ sich nicht feststellen, daß die Art der Talkshow etwas mit der Auswahl der Unterbrechungsebene zu tun hat, denn sowohl themen- als auch personenorientierte Talkshows können sich mehr oder weniger auf die Sensation stürzen. "Talk im Turm" und "Live" passen in ihrem sachebenenorientierten Charakter zusammen, während die "NDR-Talkshow" und "So! Christian Berg und Gäste" weniger sachebenenorientiert waren.

Auf der Beziehungsebene gaben sich Dominanzunterschiede der GesprächsteilnehmerInnen zu erkennen. Unterschiede, aufgrund des unterschiedlichen Status', der sich unterbrechenden Personen, führten zu Konkurrenz oder zu Zurückweisungen.

Wichtige Bereiche der mündlichen Kommunikation wurden noch nicht explizit mitanalysiert. Bei einer weiterführenden Untersuchung sollten die paraverbalen Äußerungsformen einen größeren Raum einnehmen. Dadurch lassen sich die Wirkungsebenen besser unterscheiden.

Aufgrund der Ergebnisse, die aus der inhaltlichen Beschreibung über die Wirkungsebenen gezogen werden können, halte ich dieses Parameter für passend. Der Nachteil liegt jedoch an der fehlenden Eindeutigkeit, die eine Zuweisung einer Unterbrechung zu einer der drei Ebenen hat; hier ist die subjektive Einschätzung der Analytikerin ausschlaggebend. Fraglich ist, ob es eine Möglichkeit der Objektivierung dieses Beschreibungsparameters geben kann.

Mit den Haltungsparametern müssen auch andere Haltungen, als die für frauenverachtende Haltungen von Männern gegenüber Frauen (Burkhardt 1993), beschrieben werden. Die neutrale und unsichere Haltung, die ich hinzu entwickelt habe, reichen für die Beschreibung vieler Haltungen nicht aus. Unterbrechungen richten sich in ihrer Haltung zudem nicht immer ausschließlich an die unterbrochene Person. Die Möglichkeiten, die sich bei aller Kritik aus diesem Kriterium ergeben, lassen sich am besten anhand des Kriteriums Geschlecht zeigen.

(C) Geschlecht

Für richtungsweisend halte ich den Gedanken, geschlechtsspezifische Haltungen weiterhin zu verwenden, doch sollte die Unterteilung nach den in der Unterbrechung angesprochenen Personen vorgenommen werden; beispielsweise Frau unterbricht Frau mit diplomatischer Haltung, um einen Einwand zum vorangegangenen Turn eines Mannes zu leisten.

Beim geschlechtsspezifischen Haltungsbegriff zu bleiben, hat sich als gut erwiesen, weil sich tendenziell unterschiedliche Haltungen ausmachen ließen. Männer waren eher Zielscheibe unterbrechender Provokationen durch Männer, und insgesamt wurden auch mehr Männer von Männern unterbrochen, als Frauen. Die Haltung, die Männer bei diesen Unterbrechungen einnahmen, war dabei nicht immer neutral, sondern oft zum Aggressiven ausgerichtet. Frauen hingegen, waren im Bereich des diplomatischen Umgangs, auch im ablehnenden Themenbezug, nicht ausfallend oder aggressiv gegenüber den unterbrochenen Personen. Ein interessantes Ergebnis in diesem Zusammenhang war auch, daß die "diplomatischen" Unterbrechungen mehr Erfolg hatten und zu weniger Konkurrenz unter den Gesprächsteilnehmerinnen führten. Es müßte in weiterführenden Untersuchungen analysiert werden, welche Haltungen welchen Bezugsgruppen zuzuordnen wären: Wenn Frauen Frauen unterbrechen, wenn Männer Männer unterbrechen, wenn Männer Frauen und Frauen Männer unterbrechen.

4. Ausblick

Mit diesem Analyseinstrumentarium ist es möglich, verallgemeinerbare inhaltliche Beschreibungen von Unterbrechungen in Talkshows zu geben, mit denen eine inhaltliche Bewertung der Unterbrechungen von Gesprächspartnerinnen ermöglicht wird. Interessant wäre es, die Frage zu klären, ob mit Hilfe dieses Instrumentariums unterschiedliche inhaltliche Ausdrucksmöglichkeiten im Unterbrechen durch Männer oder Frauen festgestellt werden. Ob diese verallgemeinerbar wären und ob die Ergebnisse dieser Analyse denen der quantitativen Analyse widersprechen, könnte im weiteren untersucht werden. Ähnliche Fragestellungen lassen sich für statusvergleichende Untersuchungen oder Ärztin-Patientin-Gespräche aufstellen. Dies sind weiterführende Fragestellungen, die über den Rahmen dieses Artikels hinausgehen. Die Ergebnisse zeigen unter anderem, daß die Wirkung von Unterbrechungen auf den Gesprächsverlauf und die Gesprächsteilnehmerinnen (eventuell auch auf das Publikum) durch ihre Qualität und Quantität bestimmt ist. Die quantitative und die qualitative Analyse können sich folglich gut ergänzen.

Literatur

Burkhardt, A.: "Das ist eine Frage des Intellekts, Frau Kollegin!" Zur Behandlung von Rednerinnen in deutschen Parlamenten. In: Geschlechter im Gespräch: Kommunikation in Institutionen (Hrsg. Günthner, S., Kotthoff, H.), S. 215 – 286. Stuttgart 1992

Ehlich, K., Schwitalla, B.: Transkriptionssysteme – Eine exemplarische Übersicht. In: Studium Linguistik 2, S. 78 – 105, 1977

Geißner, H.: Sprechwissenschaft. Theorie der mündlichen Kommunikation. Frankfurt/M. 1982

Gräßel, U.: Sprachverhalten und Geschlecht. Pfaffenweiler 1991
Günthner, S., Kotthoff, H. (Hrsg.): Geschlechter im Gespräch: Kommunikation in Institutionen. Stuttgart 1992
Henne, H., Rehbock, H.: Einführung in die Gesprächsanalyse. Berlin-New York 1982, 2.Aufl.
Holly, W., Kuhn, P., Püschel, U.: Fernsehdiskussion in der Diskussion. Zur Einführung. In: dies.(Hrsg.) Redeshows: Fernsehdiskussion in der Diskussion. Tübingen 1989
Kalverkämper, H.: Talkshow. Eine Gattung in der Antithese. In: Fernsehsendungen und ihre Formen. Typologie, Geschichte und Kritik des Programms in der BRD (Hrsg. Kreuzer, H., Preumen, K.), S. 411ff. Stuttgart 1979
Menne, M.: Gespräche vor Zuschauern. Fernsehtalkshows – eine dialoggrammatische Analyse. In: Sprechen, Hören, Sehen. Rundfunk und Fernsehen in Wissenschaft und Praxis (Hrsg. Pawlowski, K.), 183–202. München-Basel 1993
Rath, R.: Kommunikationspraxis. Analysen zur Textbildung und Textgliederung im gesprochenem Deutsch. Göttingen 1979
Sacks, P. et al.: A simplest systematics for the organisation of turn-talking for conversation. In: Language 50 (1974), 696–735
Schulz von Thun, F.: Miteinander reden 1. Störungen und Klärungen – Allgemeine Psychologie der Kommunkation. Reinbek bei Hamburg 1981
Thürmer-Rohr, C.: Mittäterschaft der Frau – Analyse zwischen Mitgefühl und Kälte. In: Mittäterschaft und Entdeckungslust. Studienschwerpunkt "Frauenforschung" am Institut für Sozialpädagogik der TU Berlin (Hrsg.), S. 87–104, Berlin 1989
Trömel-Plötz, S. (Hrsg.): Gewalt durch Sprache. Die Vergewaltigung von Frauen in Gesprächen. Frankfurt/M. 1984
Trömel-Plötz, S.: Frauensprache: Sprache der Veränderung. Frankfurt/M. 1982

ELISABETH BÖHM

Traumberuf Moderatorin

"Ein Rundfunkvortrag ist so ... unmittelbar, daß jeder einzelne Hörer das Gefühl hat, ganz persönlich angesprochen zu werden." So formulierte bereits 1924 der damalige Generaldirektor der BBC, Reith, die Intimität und Unmittelbarkeit des Mediums. Trotzdem dauerte es in Deutschland noch zwanzig Jahre, bis der spontane und dialogische Charakter des Hörfunks durch neue Sendeformen genutzt wurde. Frontale, einkanalige Vorträge waren auch besser zu kontrollieren; das Manuskript jedes Wortbeitrags wurde bis zum Ende des Reichsfunks vom Programmdirektor persönlich abgezeichnet.

Als dann endlich, nach dem Krieg, spontane kleine Wortbeiträge, eingebettet in einen Musikteppich zugelassen wurden, bewegte sich auch der gesendete Wortanteil weg von der Belehrung und Information hin zur Unterhaltung.

In diesen frühen Zeiten des Rundfunks und auch zu Beginn der Fernseh-Ära gab es ganz wenige Frauen in den Sendestationen. Sie waren dort lediglich geschätzte Mitarbeiterinnen im Sekretariat. Und wie das berühmte "Fräulein vom Amt" charmant vermittelte, so sollten auch Frauen im Sendeablauf ihren Platz finden – in der Ansage. In dieser Zeit gab es deshalb auch eine große Anzahl von Sekretärinnen, die gleichzeitig Ansagerinnen waren oder ganz wechselten.

Was traute Mann den Frauen noch zu? Naturgewollt den Kinderfunk. In diesen Sendungen sind schon sehr früh Frauen am Mikrofon, die Geschichten erzählen, Musik ansagen und durch die Sendung führen. Anfang der fünfziger Jahre nehmen die Ratgebersendungen mit Tips für Heimwerker, Autofans, Freizeit, Gesundheit und für "Haus und Garten" zu. Zu den letzten Themen konnten unzweifelhaft auch Frauen etwas beitragen. Aber es sollte noch Jahre dauern, bis Frauen in diesen Sendungen nicht nur einzelne Beiträge lieferten, sondern auch die ganze Sendung moderierten. Hier liegen die Anfänge der weiblichen Magazinmoderation.

Magazine, die Ende der fünfziger, Anfang der sechziger Jahre nach amerikanischem Vorbild auch in Deutschland übernommen wurden, gab es bald im Sport und später auch auf wissenschaftlichem Sektor. Beides reine Männerdomänen. Frauen eigneten sich eher für die Unterhaltung. Und so gab es zunächst Unterhaltungsmoderatorinnen, bevor Frauen zum Infotainment oder gar zu den Nachrichten zugelassen wurden. Die Nachrichten, als Visitenkarte des öffentlich-rechtlichen Senders, galten auch als wichtigster Bestandteil des Programmauftrags. Sie wurden nur sehr zögerlich und sehr spät für Frauen zugänglich. Noch 1982 äußerte der Chefsprecher einer ARD-Anstalt, daß er nicht gerne Frauen in den Nachrichten einsetze, "sie sind nicht so glaubwürdig".

1. Die Funktion der Moderation

Inzwischen sind Moderatorinnen überall zu hören. Sie führen durch Sport-, Musik-, Politik-, Kultur- und Jugendsendungen. Sie vermitteln Informationen in Wissenschaftsmagazinen, fungieren als Gesprächspartnerinnen für Wirtschaftsfachleute und sind Diskussionsleiterinnen in rechts- und sozialpolitischen Diskussionsrunden. Sicher prozentual noch nicht in allen Redaktionen gleichermaßen repräsentiert, aber optisch und akustisch treten Frauen in allen Medienressorts an die Öffentlichkeit.

Im Vorfeld der geschlechtsspezifischen Thematik muß die Funktion der Moderation untersucht werden. Die "Vermittlerin" in einer Sendung hat primär zwei Aufgaben:

(1) Inhalte für die Hörer und Zuschauer aufzubereiten, sie verständlich darzustellen. Dies ist Hauptbestandteil der Magazinmoderation, kommt aber auch in der Unterhaltung vor.

(2) Der Sendung Attraktivität zu verleihen, sie unterhaltsam, interessant zu machen. Ein typischer Schwerpunkt für die Unterhaltungsmoderation, aber auch eine Teilkompnente im Infotainment.

Im ersten Fall sprechen wir von einem empfängergerechten Informationstransfer, oder semiotisch ausgedrückt von einem beurteilbaren Konnex, also einem dicentischen Interpretantenbezug (Bense 1976). Im zweiten Fall handelt es sich darum, Hörer und Zuschauer zu fesseln, also auf Ebenen der Meta-Kommunikation Interessen und Emotionen anzusprechen. Bilder und nonverbales Verhalten sind dabei im Fernsehen entscheidend, im Hörfunk werden sehr differenzierte Signale über die Stimme und paralinguistische Merkmale des Sprechhabitus gesetzt. Semiotisch befinden wir uns hier in einem offenen Konnex, der auch in der Objektebene iconisch abgebildet wird.

Leider existiert noch keine Medienlinguistik und nur Ansätze einer Mediensemiotik, die einen systematischen Zugang ermöglichen könnten. Eine grundlegende Untersuchung dieser Vermittlungsprozesse liegt noch nicht vor. Bentele hat auf die Ursachen hingewiesen: "Was den Erwerb der Zeichensysteme der Massenmedien angeht, so finden wir uns noch im vorsteinzeitlichen Stadium: Der Erwerb dieser semiotischen Fähigkeiten verläuft weitgehend als unbewußter Prozeß" (1981, 123). Er weist darauf hin, daß das Niveau der theoretischen Durchdringung in den akustisch-optischen Medien sehr gering ist. "Medienkompetenz" ist immer noch ein unbewußter Prozeß, nicht reflektiertes Wissen.

Einer weiteren Dualität begegnen wir auf der Funktionsebene:

(1) Die Moderatorin hat einerseits die Aufgabe, Hörern und Zuschauern Vertrautheit und menschliche Nähe zu vermitteln, sich spontan mit ihnen zu un-

terhalten. Dabei entsteht durch Kontaktparenthesen, personaldeiktische Ausdrücke, einen intimen Ton, die Illusion einer privaten Atmosphäre. Wer je moderiert hat, kennt die Suggestionskraft dieser Mittel, die Hörer zu telefonischen Anfragen reizen wie: "Was haben Sie heute an?" "Fahren Sie nach Mallorca im Urlaub? Dann buche ich auch."

(2) Die Illusion der Vertrautheit endet aber immer am Interessenkonflikt zwischen Sender und Empfänger, zwischen Sendeanstalt und Hörer. Sie legt Wert darauf, daß die Moderatorin z. B. bei Telefoninterviews die Gespräche steuert und kontrolliert. Der thematische Bezug muß gewahrt blieben, der Zeitrahmen eingehalten, Ausgewogenheit garantiert sein.

Ihre Funktion im Sendeablauf verpflichtet also die Moderatorin, als Regulativ und Führungsinstanz den Überblick zu behalten. Andererseits muß sie locker und frei unterhalten und die einseitige Kommunikationsbeziehung zum Empfänger scheinbar dialogisch herstellen.

2. Situation und Medienrollen

Die spezifische Situation der Frauen am Mikrofon und vor der Kamera ist noch nicht ausreichend untersucht worden. Hier sollen nur einige Punkte aus langjähriger Sendeerfahrung erörtert werden.

Im Zeitalter privater Rundfunk- und Fersehanstalten geht es verschärft um Hörerzahlen, Zuschauerquoten und die Akzeptanzfrage. Daß es gerade die Moderatorinnen und Moderatoren eines Senders sind, die dessen Erfolg ausmachen,hat sich in den Media-Umfragen und Studien der Bayerischen Landesanstalt für Neue Medien immer wieder gezeigt. Die Musikfarbe eines Programms reicht nicht aus, um Hörerbindung herzustellen. Erst die Wortanteile machen ein Programm unverwechselbar. Und gerade zum Zweck dieser Singularität müssen Moderatorinnen und Moderatoren ihre persönliche Einmaligkeit mit dem Sender-Logo verbinden. Unverwechselbarkeit der Person und der Anstalt müssen in Einklang gebracht werden. Damit sind wir bereits bei einem differierenden Punkt: Frauen sind in dieser Situation kompatibler. Selten wird die Interessendivergenz in einer Sendung hörbar oder sichtbar. Männer dagegen arbeiten vor Mikrofon und Kamera stärker an ihrer Selbstdarstellung und geraten dadurch häufiger in Konflikte mit der Redaktion und der Sendeanstalt. Eine kleine Umfrage, bei 5 öffentlich-rechtlichen und 4 Privatsendern ergab, daß nur 12 Prozent der Moderationskolleginnen, aber 47 Prozent der männlichen Moderatoren mit Vorgesetzten über ihre Aufgaben und ihre Funktion in Konflikt geraten waren.[1]

---

[1] Umfrage wird noch erweitert und als Studie veröffentlicht

Moderatorinnen und Moderatoren müssen durch die Sendung führen, d. h. der aktive Part einer Kommunikationsbeziehung ist ihre Aufgabe; reaktive Moderationen gibt es ganz selten. Auch von der Verbraucherseite wird erwartet, daß sie die Gesprächsführung übernehmen. Mit Vorbildcharakter sollen sie immer witzig, charmant, schlagfertig, humorvoll, attraktiv, gebildet, eloquent, intelligent und sicher sein. Diese Medienrollen sind zum großen Teil auch die historischen Frauenrollen; nur mit den letzten beiden Punkten war der historische Katalog nicht ausgestattet. Diese einerseits vom Publikum erwartete Perfektion führt gleichzeitig aber auch zur Verunsicherung, zu Komplexen und Hemmungen gegenüber der Moderatorin. Das zeigt sich vor allem in live- oder Telefoninterviews. Hier haben Frauen einen Sympathiebonus, der immer wieder so formuliert wird: "Bei Moderatorinnen habe ich weniger Angst, mich zu blamieren." Nun ist es keinesfalls so, daß allein Moderatorinnen die nötige Sensibilität für ihre Gesprächspartner besäßen. Aber im situativen Kontext sind sie auf paralinguistischer Ebene eindeutiger. Das heißt, durch nonverbale und verbale Affirmation vermitteln sie einem Gesprächspartner Sicherheit. Sendemitschnitte aus dem Archiv des logo-Instituts Frankfurt/M. zeigen, daß sie ihr Sprechverhalten ändern und durch eine andere Sprachebene (Umgangssprache) oder eine spezifische Intonation den perlokutionären Aspekt des Sprechakts in den Vordergrund stellen. Moderatoren dagegen reagieren auf die Sprechhemmungen und Ängste eines Interviewpartners eher damit, daß sie den thematischen Kontext verlassen, um Lockerheit und Sicherheit zu erzeugen. Sie neigen zur illokutionären Verschiebung.

Noch eine weitere Beobachtung. Wie bereits an anderer Stelle erörtert (Böhm 1994), neigen Frauen am Mikrofon dazu, unnatürlich zu klingen. Hintergründe sind der Situationsstress und ein ausgeprägter Perfektionsdrang. Viel häufiger als die Moderatoren liegen ihre weiblichen Kolleginnen stimmlich über ihrer Indifferenzlage, sprechen mit überhauchter Stimme oder mit hartem Stimmeinsatz. So unterschiedlich diese Phänomene aus sprecherzieherischer Sicht sein mögen, sie spiegeln in individuellen Ausformungen einen Zustand: Druck, Stress, Hektik. Daß sich bei Anfängern oder in einer besonders schwierigen Sendung die Atemfrequenz erhöht, teilen männliche und weibliche Moderatoren gleichermaßen. Nur haben Frauen den Nachteil, daß ihre von Natur aus höheren Stimmen die Belastung schneller verraten. Ein typisch weibliches Phänomen ist dagegen der Umgang mit der Artikulation im Studio. Übertriebener Perfektionismus und der damit verbundene Hang zur Überartikulation sind bei Männern seltener. Hier und bei den anderen Punkten drängen sich soziolinguistische Erklärungen des Sprech- und Sprachstils auf, die aber in diesem Rahmen nicht untersucht werden können.

Wenden wir uns einer weiteren Beobachtung zu. Moderatorinnen und Moderatoren müssen während einer Sendung Leistungen auf ganz verschiedenen Ebenen vollbringen.

(1) Inhaltsspezifische, kognitive Aufgaben: die Logik der Sendung verfolgen, zielorientiert kontrollieren, thematisch assoziieren.

(2) Hörerspezifische, psycho-soziologische Aufgaben: zielgruppenorientiert agieren, partnerorientiert reagieren (Interview).

(3) Senderspezifische, logistische Aufgaben: Rahmenbedingungen einhalten, Adaption an das Senderlogo. In dieser Triade von Thema, Konsument und Auftraggeber oder von Logik, Psycho-Logik und Logistik ist ein weites Spannungsfeld zwischen Konvergenz und Divergenz enthalten. Was nun die Frage "typisch weiblich" angeht, möchte ich noch einmal das Interview herausgreifen. Diese Situation ist ganz stark von der Partnerorientierung geprägt. Je nach Einschätzung des Themas und des Gastes entstehen verschiedene Erwartungen: wird es ein kooperativer Austausch oder ein konfrontatives Inteview mit Biß. Ecker (1977) spricht in seiner Untersuchung von "Konsens-" oder "Dissenserwartungen". Ihnen sind männliche und weibliche Moderatoren gleichermaßen ausgeliefert. Aber wie sie demzufolge ihre Strategie wählen differiert erheblich. Die Kolleginnen bevorzugen gewisse Harmoniestrategien – bei öffentlich-rechtlichen ebenso wie bei privaten Sendern. Sie bestätigen, gleichen aus, versuchen den Konsens. Bei den männlichen Kollegen ist die Kampflust besser entwickelt. Das Opening ihrer Interviews besteht oft schon aus einer Provokation. Wenn dann der Gesprächspartner zu sehr auf Konfrontationskurs geht, müssen auch sie "Ausgleichshandlungen" (Goffman 1975) vornehmen.

Eine solche Ausgleichshandlung kann auch ein Kompliment sein, das übrigens nur Männer gegenüber weiblichen Gesprächspartnern einsetzen. Von männlichen Moderatoren sind wir gewohnt zu hören, daß der weibliche Gast gut aussieht. Nie würde es einer Moderatorin einfallen, die Optik ihrer Gäste hervorzuheben. Ein interessantes und erklärbares Phänomen, auf das Troesser (1986) hingewiesen hat. Was dagegen Frauen genauso machen wie ihre männlichen Kollegen, ist das Verteilen von inhaltsbezogenen Komplimenten: "Mein Gast ist heute gut drauf." "Unser Spezialist im Studio kennt sich aus bis ins Detail."

Letzter Punkt, der diese lose Sammlung abschließen soll: Die Moderatorin als Witzeerzählerin. Abgesehen davon, daß dieses Genre seit den siebziger Jahren immer weniger gefragt ist, fällt schon bei der femininen Formulierung auf: das ist eine Männerdomäne. Tatsächlich haben von dreißig Moderatorinnen siebenundzwanzig bestätigt, daß sie das Witzeerzählen furchtbar finden, nicht beherrschen oder für schwierig halten. Witze bewegen sich objektsemiotisch im indexicalischen Bereich, der zwei beliebige Elemente des Repertoires verknüpft. Durch Verschiebung der Ebenen, überraschende Wendungen, Mehrdeutigkeit etc. wird der Interpretantenbezug vom geschlossenen zum offenen Konnex oder umgekehrt verändert. Was dabei von den Moderatorinnen und Moderatoren erwartet wird, ist die Sicherheit (aber auch Borniertheit) des

Selbstdarstellers, die Souveränität (aber auch Selbstzufriedenheit) des großen Redners. Mit dialogischem Gesprächsverhalten hat es nur bedingt zu tun. Menschen, die gerne Witze erzählen, müssen Spaß haben am Auftritt. Das gibt es sowohl bei Männern als auch bei Frauen. Und es gibt auch viele Moderatoren, die sich nicht gerne in dieser Art präsentieren – aber eben bedeutend weniger als Moderatorinnen.

Es gibt noch weitere Auffälligkeiten, wodurch sich typisch weibliche von typisch männlichen Moderationen unterscheiden, z. B. Höhe des Wortanteils, Nähe zum Zuschauer oder Hörer, spontane Direktheit etc. Die angesprochenen Unterschiede sollen aber zunächst genügen.

In einigen privaten Sendern sind Moderatorinnen schon häufiger anzutreffen als ihre männlichen Kollegen. Der Programmdirektor eines süddeutschen Senders begründete dies: "Der Moderator ist die Holzwolle in der Glaskiste der Sendung. Und das können Frauen einfach besser." Wie heißt das Original bei Tucholsky? "Frauen sind die Holzwolle in der Glaskiste des Lebens." Moderatorin – also doch ein Traumberuf für Frauen?

Literatur

Bense, M.: Vermittlung der Realitäten. Baden-Baden 1976
Bentele, G.: Semiotik und Massenmedien. S. 123, München 1981
Böhm, E.: Einfach normal. Spontansprache und Natürlichkeit in der Moderation. In: logo-report Nr. 3; S. 29-39, Frankfut/M. 1994
Ecker, H. P. u. a.: Textform Interview. Düsseldorf 1977
Goffman, E: Interaktionsrituale. Frankfurt/M. 1975
Troesser, M.: Moderieren im Hörfunk. Tübingen 1986

GUDRUN FEY

Selbstdarstellung von Frauen und Männern in Rhetorikseminaren

1. Begriffsbestimmung

Im Sprach- und Kommunikationsverhalten lassen sich Unterschiede zwischen Männern und Frauen nachweisen.[1] Trotz festzustellender Unterschiede gibt es jedoch kein *geschlechtsspezifisches "männliches" oder "weibliches"* Sprachverhalten in dem Sinne, daß sich beide Geschlechter sprachlich in jeder Situation und in jeder Rolle nur ihrem Geschlecht entsprechend verhalten müßten oder könnten. D. h., es gibt Situationen, in denen Männer ein "weibliches" und Frauen ein "männliches" Sprachverhalten zeigen.[2]

Ich spreche deshalb von geschlechtstypischem[3] Sprachverhalten, weil es sich, statistisch gesehen, häufiger bei einem Geschlecht nachweisen läßt. Geschlechtstypisch ist für Frauen ein unsicheres, defensives und kooperierendes Sprachverhalten, von S. Trömel-Plötz 1982 als "Frauensprache" charakterisiert:

"Frauen benutzen mehr Formen der Verniedlichung, ..."
"Frauen benutzen andere oder keine Vulgärausdrücke, ..."
"Frauen haben einen anderen Wortschatz als Männer, ..."

Die Abschwächung von Aussagen zeigt sich nicht nur in der Auswahl des Vokabulars, sondern auch durch:

Einschränkung ihrer Gültigkeit durch Formulierungen
durch Infragestellen und Zustimmung erheischende Wendungen
durch selbstabwertende Äußerungen
durch indirekte Aufforderungen, indirekte Behauptungen und Vermeidung des Wörtchens "ich" (1982, 50ff).

Geschlechtstypisch für Männer ist dagegen ein sicheres, aggressives, wettbewerborientiertes und dominantes Sprach- und Kommunikationsverhalten (Aries 1984, 116). *Das geschlechtstypische Sprachverhalten bei in Status und Redeerfahrung vergleichbaren Männern und Frauen[4] läßt sich anhand bestimmter Aspekte belegen.* Diese Aspekte betreffen die Selbstdarstellung.

Männer versuchen und schaffen es auch meistens, sich nicht nur im Rahmen von Gesprächen und Diskussionen mit gemischtgeschlechtlichen Beteiligten[5], sondern auch bei der Selbstdarstellung vor einer gemischtgeschlechtlichen

Gruppe positiv darzustellen, d. h. eigene Leistungen zu betonen. Oder sie machen Witze auf Kosten anderer, kritisieren, belehren, erteilen Ratschläge usw. Diese Sprechakte werden von der amerikanischen Linguistin Deborah Tannen als Äußerungen in der *"Berichtssprache"* bezeichnet, (1991). Frauen zeigen ein solches Sprachverhalten viel seltener. Sie neigen zu selbstabwertenden Äußerungen, d. h., sie werten etwa eigene berufliche und persönliche Leistungen ab. Sie zeigen devotes Verhalten u. a. durch einschränkende Formulierungen, sie entschuldigen sich oder bitten. Diese Art von Äußerungen gehören bei Tannen zu der *"Beziehungssprache"* (1991).

2. Analyse

2.1. Begründung dieser These

Ich habe hierzu eine Redeübung ausgewertet. Es handelt sich um eine ca. 2–4 minütige Vorstellung, die jeweils ca. drei Stunden nach Beginn eines Rhetorikseminars[6] für den höheren Landesdienst mit überwiegend männlichen Teilnehmern im Rahmen der Einführungsfortbildung durchgeführt wird. Ich wertete die Vorstellungen dreier Seminare mit insgesamt 59 Teilnehmenden (41 männlich, 18 weiblich) aus.

Die am häufigsten vorkommende Berufsgruppe waren Juristen und Juristinnen (9 männl., 7 weibl.). Danach kamen die Agraringenieure (6 männl., 1 weibl.), die Ärzte (2 männl., 4 weibl.), dann die Forstwissenschaftler (6 männl.), die Bauingenieure (5 männl.), die Geodäten (3 männl.). Jeweils zwei Vertreter gab es in den Bereichen Biologie (2 männl.), Mathematik (1 männl., 1 weibl.), Lebensmittelchemie (2 weibl.), Haushaltsökonomie (2 weibl.), Volkswirtschaft (1 männl., 1 weibl.). Jeweils einen männlichen Vertreter gab es in den Bereichen Tiermedizin, Bergbau, Verfahrenstechnik, Chemie, Geographie und jeweils eine weibliche Vertreterin in den Bereichen Bibliothekswesen und Innenarchitektur.

Das Alter der Teilnehmenden ist – soweit sie Angaben dazu machten – zwischen 29 und 50 Jahren. Die meisten sind in der Altersgruppe 30 bis 35 Jahren.

Für diese Übung erhalten die Teilnehmenden ein Aufbauschema mit Punkten, zu denen sie in der Vorstellung etwas sagen sollen, aber nicht unbedingt müssen, z. B. Beruf, Tätigkeit, beruflicher Werdegang, familiäre Situation, Hobbies, Haustiere, "Häuslebauer" usw. Bei der Übung stehen die Teilnehmenden vor der Gruppe und werden mit der Videokamera aufgenommen. Da es die erste Übung in dem Rhetorikseminar ist, haben die meisten Teilnehmenden ein gewisses Lampenfieber.

2.2. Quantitive Analyse

Länge der Vorstellungen: Die längste (8 min) und die kürzeste (1.15 min) stammten von Männern.

1 – 2 min: 8 Männer, 7 Frauen
2 – 3 min: 19 Männer, 7 Frauen
3 – 4 min: 7 Männer, 2 Frauen
4 – 5 min: 4 Männer, 2 Frauen
über 5 min: 3 Männer

Anzahl der selbstaufwertenden Äußerungen verteilt auf das jeweilige Geschlecht

Hier habe ich ein Seminar exakt ausgewertet. In dem Seminar waren 13 Männer und 8 Frauen. Multipliziert man die Äußerungen der Frauen mit dem Faktor 1,6, um sie mit denen der Männer vergleichen zu können, so machten die Männer insgesamt 30 selbstaufwertende Äußerungen, die Frauen dagegen nur 20,8.

Anzahl der selbstabwertenden Äußerungen verteilt auf das jeweilige Geschlecht

Hier ist das Ergebnis noch deutlicher ausgefallen als bei den selbstaufwertenden Äußerungen. Die Männer kamen auf 25 selbstabwertende Äußerungen, die Frauen dagegen auf 54,4.

2.3. Qualitative Analyse

Techniken der Selbstaufwertung, dargestellt anhand von überwiegend männlichen Beispielen, da hier die Formulierungen deutlicher sind, als bei den weiblichen.

Selbstlob[7]
Beispiel (männl.): "Ich bin ein echter Badener". Die *Wettbewerbsorientiertheit* der Männer zeigt sich darin, daß ein anderer betont, er sei ein "echter Schwabe" oder ein anderer "überzeugter Schwabe"
Ein Beispiel (weibl.): "Ich wurde gefragt, ob ich nicht promovieren möchte."

Betonen der Einzigartigkeit
Beispiele (männl.): "Wie noch niemand hier, wünsche ich mir, ..." Oder: "Außer mir gibt es in Baden-Württemberg nur noch einen weiteren Fachmann ..." Oder: "Ich vertrete hier offensichtlich als einziger die Landwirtschaft ..."

Witze auf Kosten anderer[8]
So vergleicht sich ein Pfälzer mit Bundeskanzler Kohl, meint aber, daß er

schlauer sei. Oder er fordert den zuständigen Minister auf: "Lassen wir den Minister mal freudig arbeiten."

Sich das Recht nehmen, andere zu kritisieren, zu belehren oder sich selbst oder andere zu bestimmten Handlungen aufzufordern
Beispiele (männl.): "Ich will Ihnen jetzt mal erklären, wie man ... in den höheren Dienst kommt ..." Oder ein Teilnehmer kritisiert zwei Vorgängerinnen wegen der Länge ihrer Vorstellungen.
Beispiel (weibl.): "Wie Sie wahrscheinlich nicht wissen, ..."

Letztendlich erfolgreiche Bewältigung von offensichtlichen Mißerfolgen
Beispiel (männl.): "Bin im Nachhinein mit der Berufswahl eigentlich zufrieden."
Beispiel (weibl.): "... was natürlich auch gewisse Personalprobleme mit sich bringt, die ich anfänglich mit Schwierigkeiten versucht habe zu meistern, jetzt geht's etwas besser ..."

Abwehren von negativen Unterstellungen
Beispiel (männl.): "das hört sich vielleicht für manchen kindisch an, aber ich spiele und vor allem bastle ich sehr gern Modelleisenbahn."

Schuldzuweisungen
Beispiel (männl.): "Ich wollt' eigentlich als letzter, aber der ..."
Oder Beispiel (weibl.): "Hatte eigentlich auch den Berufswunsch in die Wirtschaft zu gehen ... das hat nicht geklappt, weil die Firmen noch Schwierigkeiten haben, in diesem Bereich Frauen einzustellen."

Techniken der Selbstabwertung,
dargestellt anhand von überwiegend weiblichen Beispielen, da hier die Formulierungen krasser sind.

Witze auf Kosten der eigenen Person
"Selbsterniedrigung ist für Männer wenig attraktiv, da sie dem männlichen Image schadet, auch wenn dies 'nur aus Spaß' passiert. Auf der anderen Seite bietet diese Art von Humor Frauen sehr subtile Unterwerfungsmöglichkeit, die noch immer vordergründig Anziehungskraft besitzen, weil Frauen damit Männern gefallen." (Stocking/Zillmann 1988, 218–220).
Beispiel (weibl.), hofft, daß sie, obwohl sie auf dem Gebiet der Altlasten arbeitet, selbst noch keine 'Altlast' sei.

Zugeben von Schwächen und Fehlern
Beispiel (weibl.): Sie gibt zu, daß sie immer so lange beim Einkaufen braucht.
Oder: "Das ist meine schwache Stelle." Oder: "Befinde mich in einer Identifikationskrise."
Beispiele (männl.): "Jetzt fällt mir nichts mehr ein." Oder: "Hatte keine konkreten Berufsvorstellungen."

Abwertung des Werdegangs oder der beruflichen Tätigkeit[9]
Beispiel (weibl.): "Möchte nur kurz anmerken, typische Laufbahn ..." Oder eine andere Frau sagt: "...ziemlich lustlos die Juristerei betrieben ..." und: "Ich möcht' jetzt keinen Vortrag über Mülldeponien halten, ziemlich langweiliges Thema ..."

Rechtfertigen von nicht rollenkonformen Verhalten
Beispiel (weibl.), rechtfertigt sich, daß sie noch keine Kinder hat. Eine andere Teilnehmerin entschuldigt sich dafür, daß sie es noch nicht geschafft hat, Beruf und Familie zu vereinbaren und meint: "Ich glaub' auch nicht, daß ich's schaff'."

Betonen von rollenkonformen Verhalten
Beispiel (weibl.): "Bin brav ins Gymnasium gegangen ..."
Oder: "wie sich's als Frau gehört, bin ich also zu meinem Mann gezogen ..."

Unnötiges Entschuldigen
Beispiel (weibl.), entschuldigt sich dafür, daß sie Jura studiert hat: "Hab' leider Jura studiert." Eine andere entschuldigt sich für ihr Hobby: "Ich versuche, mich einigermaßen fit zu halten ... bzw. gehöre noch zu den Übriggebliebenen, die Aerobic treiben."

2.4. Anmerkungen zur Auswertung der Vorstellungsübung

Techniken der Selbstabwertung zeigen Frauen nicht nur gegenüber Männern, sondern auch vor Frauengruppen, die erfahrungsgemäß die jeweilige Rednerin nonverbal unterstützen. Das zeigt, inwieweit Frauen dieses Verhalten internalisiert haben.

Die von R. Lakoff u. S. Trömel-Plötz aufgestellten Charakteristika der Frauensprache – außer den selbstabwertenden Äußerungen – lassen sich bei den Teilnehmenden meiner Seminare nur in geringem Umfang nachweisen, was darauf zurückzuführen ist, daß sie aufgrund ihres hohen beruflichen Status ein gegenüber anderen Frauen höheres Maß an Selbstsicherheit haben.

Auch bei einigen Männern läßt sich ein unsicheres und einschränkendes Sprachverhalten nachweisen, etwa das für unsichere Frauen typische Kichern. Vermutlich ist dafür bei Männern ebenso wie bei den Frauen eher der Status in der Gruppe entscheidend.

Vernachlässigt wurden Merkmale weiblichen Sprachverhaltens, die ich als Frau und Rhetoriktrainerin positiv empfinde.
Es handelt sich um folgende, rhetorisch wirkungsvolle Merkmale, wie:

* Sprechen über Gefühle und Empfindungen
* Lebendige Intonation
* Einbeziehen der eigenen Person

* Einfacherer, hörerbezogener Sprachstil
* lebhafte Mimik und Gestik
* Intensiverer Blickkontakt.

2.5. Ursachen für das selbstabwertende Sprachverhalten von Frauen

Die Unterschiede im Sprachverhalten lassen sich generell damit begründen, daß die Sozialisation der Geschlechter verschieden abläuft. Wenn sich Frauen und Männer jedoch nicht immer gemäß ihren Rollen verhalten, so liegt das daran, daß die Sozialisation nicht immer gemäß den stereotypen Vorstellungen bezüglich dessen abläuft, was ein "richtiger Mann" und eine "richtige Frau" ist. So kann das hier als geschlechtstypisch eingestufte Sprachverhalten auch als eine *"Art von Vorschrift"* betrachtet werden, d. h., die Gesellschaft erwartet von Männern und Frauen vergleichbare Einflußfaktoren, die das Sprachverhalten nachhaltiger prägen als das Geschlecht, nämlich "social status" und "courtroom experience", stellten O'Barr und Atkins (1980) im Rahmen einer Auswertung von 150 Stunden Zeugenvernehmung vor Gericht fest.

Doch genügen auch die beiden weiteren Parameter, Status und Redeerfahrung noch nicht, um die Ursachen für das jeweilige Redeverhalten herauszufinden, denn das Sprachverhalten eines jeden Menschen wird von mehr als diesen Parametern gesteuert. Es sind *intrapersonelle* und *interpersonelle* Parameter. Diese Parameter sind in hohem Maße geschlechtsbezogen zu interpretieren.

Intrapersonelle Parameter

Erfahrung im Reden vor Gruppen
Menschen, die es nicht gewohnt sind, vor einer Gruppe zu reden, neigen zu einem unsicheren Sprachverhalten. Genau das trifft auch heute noch für Frauen zu.

Die Einschätzung der eigenen Redeeigenschaften
Frauen unterschätzen sich hier viel mehr als Männer, sie empfinden sich in dieser Beziehung Männern gegenüber als "defizitär". Frauen genieren sich auch manchmal in der Öffentlichkeit zu reden, weil ihnen ihre Stimme zu hoch und/oder zu piepsig erscheint.[10]

Einschätzung der persönlichen Attraktivität
Hier wird es den Frauen erfahrungsgemäß schwer gemacht, sich selbst attraktiv zu finden.

Einfluß der von Autoritätspersonen vermittelten Verhaltens- und Redenormen
Da quasi alle Männer für Frauen als Autoritätspersonen gelten oder sich zu solchen erklären, setzen sie ihre Normen zum Maßstab für Frauen.

Gefühl der Über- oder Unterlegenheit
Das Gefühl der Unterlegenheit, der Minderwertigkeit wird Frauen schon sehr früh vermittelt (Scheu 1984).

Interpersonelle Parameter

Wenn Zwei das Gleiche tun ... (Wagner 1989)
Weil Frauen sich selbst unterschätzen und dies auch bisweilen zeigen und/oder sagen, werden sie auch vom Publikum unterschätzt:

Eine bescheidene Frau wirkt unsicher, ein bescheidener Mann sympathisch. Und selbst wenn die Frau sich als gut einschätzt und auch gut ist, wird diese Bewertung nicht ohne weiteres vom Publikum übernommen:

"Wenn eine Frau so lang und so oft redet wie ein Mann, wird sie als geschwätzig, vielredend, dominant gehört. Wenn eine Frau sich selbst in ihrer Autorität und Leistung so darstellt, wie ein Mann, gilt sie als unbescheiden und arrogant. Wenn eine Frau hart auf ihrem Standpunkt besteht oder sogar ironisch, sarkastisch aggressiv ist, gilt sie als unfein, wenn nicht vulgär." (Trömel-Plötz 1984, 384)

Unterbrechung durch Zwischenfragen

Unterbrechungen durch Männer sind bei Gesprächen zwischen Männern und Frauen hinreichend belegt (Zimmermann/West 1975), das passiert auch bei Reden (Burkhardt 1992).

Männer unterstützen Rednerinnen nicht
Bekannt und belegt ist das vor allem nonverbal wenig unterstützende Zuhörverhalten von Männern.[11]

Unterschiedliche Erwartungen
Dagegen können sich Rednerinnen besonders schlecht wehren; denn: "Erfolgreiches Reden ist ... hauptsächlich eine Sache der Position, des Status und der Macht. Der Erfolg wird dann automatisch hergestellt. Hitlers Reden waren sehr erfolgreich, aber nicht wegen ihrer Güte. Wenn Kohl redet, verläßt niemand den Saal, aber nicht, weil er ein faszinierender Redner ist." (Trömel-Plötz 1988,2)

Zusammenfassung

Wie sich gezeigt hat, wirken sich alle aufgezeigten Parameter auf das Sprachverhalten von Frauen ungünstig aus. Erfreulich ist, daß sich nicht alle Frauen so verhalten, sondern auch auf die oben geschilderte Gefahr hin, beim Publikum anzuecken, Aspekte positiver Selbsteinschätzung zeigen. Die Zahl dieser "eckigen" Frauen hat bereits in den letzten Jahren zugenommen, und sie wird weiter zunehmen.

Anmerkungen

[1] Trömel-Plötz 1982, 45: Sie bezieht sich überwiegend auf amerikanische Untersuchungen, die jedoch meist empirisch noch ungenügend abgesichert seien.

[2] So erwähnt Senta Trömel-Plötz (1982, 24), daß Männer, die sich in einer schwächeren Position befinden, z. B. als Beschuldigter bei der Polizei, durchaus "weibliches" Sprachverhalten zeigen.

[3] Diesen Begriff favorisiert Schmidt 1988, 8.

[4] Trömel-Plötz (1984, 57) "... daß in jedem Gespäch zwischen einer Frau und einem Mann ein niedriger Gesprächsstatus für die Frau konstruiert wird, als ihr rechtens, nach ihrem professionellen Status z. B., zukäme.

[5] Wie E. Aries in Trömel-Plötz (1984) belegt.

[6] Es waren insgesamt drei Rhetorikseminare mit 61 Teilnehmenden.

[7] Kotthoff 1988, 123–153

[8] Stocking, H., Zillmann, D.: Humor von Frauen und Männern. Einige kleine Unterschiede. In: Kotthoff 1988, 214: "Männer verursachen dreimal häufiger als Frauen scherzhafte Akte auf Kosten von jemand ..."

[9] Kotthoff macht darauf aufmerksam, "daß Eigenschaften wie Aktivität, Wettbewerbsorientiertheit, Ehrgeiz, Entscheidungsfähigkeit, Selbstbewußtsein und Unabhängigkeit zentrale Bestandteile des positiv gewerteten männlichen Geschlechtsrollenstereotyps sind. Männer mit solchen Eigenschaften sind beliebt, Frauen nicht. Sowohl Frauen als auch Männer zeigten in Versuchen eine negative Bewertung kompetenter Frauen." (Kotthof, H.: Gewinnen oder verlieren? Beobachtungen zum Sprachverhalten von Frauen und Männern in argumentativen Dialogen an der Universität. In: Trömel-Plötz 1988, 94).

[10] Coates 1986, 124–129: Die höhere Stimmlage der Mädchen ist nicht allein durch die Anatomie bedingt, sondern wird anerzogen, um dem Rollenstereotyp des "Mädchens" zu entsprechen.

[11] Coates 1986, 102: "Research on the use of minimal responses is unanimous in showing that women use them more ..."

Literatur

Aries, E.: Zwischenmenschliches Verhalten in eingeschlechtlichen und gemischt-geschlechtlichen Gruppen. In: Gewalt durch Sprache (Hrsg. Trömel-Plötz, S.), S. 114–126. Frankfurt/M. 1984

Burkhardt, A.: "Das ist eine Frage des Intellekts, Frau Kollegin". Zur Behandlung von Rednerinnen in deutschen Parlamenten. In: Die Geschlechter im Gespräch. Kommunikation in Institutionen (Hrsg. Günthner, S., Kotthoff, H.), S. 287–310. Stuttgart 1992

Henley, N. M.: Mach' ein fröhliches Gesicht (wenn Du eine Frau bist). In: Körperstrategien. Geschlecht, Macht und nonverbale Kommunikation. S. 249–256. Frankfurt/M. 1989. Originalausgabe: Body Politics, New York 1977

Kotthoff, H. (Hrsg.): Das Gelächter der Geschlechter. Humor und Macht in Gesprächen von Frauen und Männern. S. 123–153, Frankfurt/M. 1988

O'Barr, W., Atkins, B.: "Women's Language" or "Powerless Language"? In: Women and Language in Literature and Society (Hrsg. McConall-Ginter, H. et al.), S. 93–110, New York 1980

Coates, J.: Women, Men and Language. London – New York 1986

Coates, J., Cameron, D. (Hrsg.): Women in Their Speech Communities. London – New York 1988

Scheu, U.: Wir werden nicht als Mädchen geboren – wir werden dazu gemacht. Zur frühkindlichen Erziehung in unserer Gesellschaft. Frankfurt/M. 1984

Schmidt, C.: "Typisch weiblich – typisch männlich": Geschlechtstypisches Kommunikationsverhalten in studentischen Kleingruppen. Tübingen 1988

Stocking, H., Zillmann, D.: Humor von Frauen und Männern. In: Das Gelächter der Geschlechter (Hrsg. Kotthoff, H.), S. 218–220. Frankfurt/M. 1988

Tannen, D.: Du kannst mich einfach nicht verstehen. Hamburg 1991

Trömel-Plötz, S.: Frauensprache: Sprache der Veränderung. Frankfurt/M. 1982

Trömel-Plötz, S.: Gewalt durch Sprache. Die Vergewaltigung von Frauen in Gesprächen. Frankfurt/M. 1984

Trömel-Plötz, S.: Weibliche Kompetenz im öffentlichen und professionellen Diskurs. In: Basler Magazin, Nr. 44, 1–7, 1988

Wagner, A. C.: "Wenn zwei dasselbe tun, ist es noch lange nicht das gleiche". Soziale Interaktion und Kommunikation zwischen den Geschlechtern. Unveröff. Vortragsmanuskript 1989

Zimmermann, D., West, C.: Sex roles, interruptions and silences in conversation. In: Language and sex: Difference and dominance. (Hrsg. Thorne, B., Henley, N.). Rowley 1975

CHRISTA M. HEILMANN

Ankündigungstexte für Rhetorikkurse unter geschlechtsspezifischem Aspekt

Protokoll eines Workshops

Anläßlich der AILA-Tagung im August 1993 in Amsterdam analysierte die Autorin Ankündigungstexte für Rhetorikkurse für Frauen. Das auslösende Moment für diese Untersuchung war der unbestimmte Eindruck, daß bei oberflächlicher Betrachtung die entsprechenden Texte deutlich mehr zu versprechen scheinen, als zeitlich konkret begrenzte Rhetorikkurse zu leisten vermögen.

Die Auswertung der Ankündigungen von Frauen-Rhetorikkursen an sieben unterschiedlichen Volkshochschulen verschiedener Bundesländer nach den Kriterien "Ausgangslage", "Ziele" und "Methoden" bestätigte die Ausgangsannahme, daß die Texte weder strukturiert zielgruppenorientiert sind, noch eine ausgewogene inhaltliche Zielvorstellung zugrundelegen, noch eine Ziel-Methoden-Zeit-Relation berücksichtigen (Heilmann 1995).

Deshalb entwickelte die Autorin inhaltliche und methodische Kriterien für die Erarbeitung von Rhetorikkurs-Ankündigungstexten, deren Anwendbarkeit im Rahmen eines Workshops auf der DGSS-Zwischentagung zum Thema "Typisch weiblich – typisch männlich? Sprecherziehung im Spannungsfeld der Geschlechter" im August 1994 an der Philipps-Universität in Marburg getestet werden konnte.

1. Workshop-Konzept

Ausgehend von der Definition des Gesprächs als Prototyp der Kommunikation nach Geissner (1988,45) als "... intentionale, wechselseitige Verständigungshandlung mit dem Ziel, etwas zur gemeinsamen Sache zu machen, bzw. etwas gemeinsam zur Sache zu machen" und ausgehend von der Darstellung der Grundtypologien des Lernens nach Flechsig/Haller (1975, 289) stellte die Autorin inhaltliche und methodische Kriterien für die Erarbeitung von Ankündigungstexten für rhetorische Kurse zusammen.

Diese Kriterien gab sie – zusammen mit einem konkreten Ausgangstext aus einem VHS-Programm – mit der Zielstellung in die Arbeitsgruppe, in drei Kleingruppen unterschiedliche Texte zu formulieren:

* einen Ankündigungstext für einen Rhetorikkurs nur für Frauen
* einen Ankündigungstext für einen Rhetorikkurs nur für Männer
* einen Ankündigungstext für eine gemischte Gruppe.

Die Erwartung an diese Arbeit bestand darin, daß sich angenommenes typisch weibliches bzw. typisch männliches Sprechverhalten in unterschiedlichen Kurszielen niederschlagen müßte.

1.1. Ausgangstext

Rhetorik für Frauen

Frauen neigen leicht zu Selbstzweifeln, wenn sie sich öffentlich äußern sollen. Sie entschuldigen sich, daß sie es überhaupt wagen, den Mund aufzutun, und wirken dann aus Unsicherheit wenig überzeugend. Wir wollen uns in diesem Kurs mit unseren Redeängsten, Unsicherheiten und Sprachlosigkeiten auseinandersetzen, denen wir als Frauen täglich begegnen. Gleichzeitig wollen wir unsere Stärken als redende Frauen entdecken. Deshalb werden nicht nur Argumentationstechniken vermittelt; neben dem Umgang mit Sprache, Sprechausdruck und Stimme kann frau vor allem auch das Potential an Körperausdruck nutzen lernen. (VHS 1993)

1.2. Inhaltskriterien

(1) Intentionale wechselseitige Verständigungshandlung

* *zielgerichtet*
* *strukturiert*
* *partnerorientiert*
* *Verständigung als Kommunikationsabsicht*

(2) Etwas zur gemeinsamen Sache machen

* *kooperativ*
* *gemeinsame Aspekte suchen*
* *eigene Standpunkte klären*
* *Kommunikationsziel erarbeiten*

(3) Etwas gemeinsam zur Sache machen

* *gemeinsame Sache abgrenzen*
* *Lösungswege entwickeln*
* *Argumentation*
* *Apell*

1.3. Methodenkriterien

(1) Lernen durch Tun
(2) Lernen durch Simulation und Spiel
(3) Lernen durch Vortrag, Gespräch und Diskussion
(4) Lernen mit audiovisuellen Mitteln

(5) Lernen durch Erkennen und Erforschen
(6) Lernen durch Lehren
(7) Lernen mit gedruckten Texten

2. Workshop-Ergebnis

In den Gruppen entwickelte sich eine sehr kreative Diskussion über die Sinnhaftigkeit der vorgegebenen Kriterien, der Weg in die Umsetzung in einen konkreten Text gelang jedoch nur einer Gruppe (Zielvorstellung: Rhetorik für Männer). In den anderen beiden Gruppen nahm die Diskussion um die Textgestaltung einen zeitlich so breiten Raum ein, daß die eigentliche Textproduktion im vorgegebenen Zeitrahmen nicht mehr gelang.

3. Weiterführende Textarbeit: Seminar-Einheit

Um Gelegenheit zu haben, eine Textumsetzung anhand der vorgegebenen Kriterien im Prozeß erleben zu können, löste die Autorin die Aufgabe in aufeinanderfolgende Arbeitssequenzen auf und stellte sie nun einer Studierendengruppe vor, die an einer Übung "Rhetorische Kommunikation unter geschlechtsspezifischem Aspekt" in der Abteilung Sprechwissenschaft der Philipps-Universität Marburg teilnahm:

* Drei Guppen von Studierenden erhielten, wie im Workshop, die Aufgabe, je einen Ankündigungstext für die unterschiedlichen Zielgruppen zu formulieren. Als Arbeitsunterstützung lag auch in dieser Phase der Ausgangstext (s. o.) vor, die Kriterienbögen jedoch nicht.
* Nachdem Texte entwickelt worden waren, erhielten die Gruppen die Kriterienbögen mit der Aufgabe, aufgrund dieser Unterlagen die Texte zu überprüfen und nötigenfalls zu überarbeiten.

Im Verlaufe dieses Arbeitsprozesses wurden folgende Ankündigungen (die jeweiligen Veränderungen sind hervorgehoben) verfaßt, vorgestellt und diskutiert:

Ankündigungstexte für Rhetorikkurse an der VHS nur für Frauen

(1) Ohne Kriterienvorgaben
Finden Sie das auch blöd: (?)
Männer lassen sich nicht unterbrechen, sind laut, kompromißlos und bestimmt.
So findet man(n) Gehör – frau bald auch. Wir wollen Redeängste abbauen und offensive Redestrategien entwickeln, Sprechausdruck und Stimme schulen, das Potential an Körperausdruck nutzen lernen.

(2) Mit Kriterienvorgaben
Finden Sie das auch blöd: (?)
Männer lassen sich nicht unterbrechen, sind laut, kompromißlos und bestimmt.
So findet man(n) Gehör – frau bald auch. Wir wollen durch **Spiel und Diskussion** *Redeängste abbauen und* **gemeinsam** *offensive Redestrategien entwickeln, Sprechausdruck und Stimme schulen, das Potential am Körperausdruck nutzen lernen.*

Ankündigungstexte für Rhetorikkurse an der VHS nur für Männer

(1) Ohne Kriterienvorgaben
Es heißt, Männer würden sich in Gesprächs- und Redesituationen in der Regel dominant und wenig einfühlsam verhalten. Die Meinung des anderen kann zumeist keine Alternative für die eigene Position sein – immer soll nur überzeugt werden, ohne das eigene Argument zur Diskussion zu stellen. Haben Sie als Mann an sich selber schon solches Verhalten wahrgenommen? Sicherlich. Wir bieten deshalb in diesem Halbjahr an der Volkshochschule einen Rhetorikkurs für Männer an, um andere Formen des Redens und Verstehens auszuprobieren. Ein nur auf Männer begrenzter Kurs hat für die Teilnehmer den Vorteil, die eigene Rolle und Rollenerwartung ohne die allgegenwärtige Rollenkonfrontation zu hinterfragen und zu verstehen.

(2) Mit Kriterienvorgaben
Es heißt, Männer würden sich in Gesprächs- und Redesituationen in der Regel dominant und wenig einfühlsam verhalten. Die Meinung des anderen kann zumeist keine Alternative für die eigene Position sein – immer soll nur überzeugt werden, ohne das eigene Argument zur Diskussion zu stellen. Haben Sie als Mann an sich schon solches Verhalten wahrgenommen? Sicherlich. Wir bieten deshalb in diesem Halbjahr an der Volkshochschule einen Rhetorikkurs für Männer an, um andere Formen des Redens und Verstehens auszuprobieren.

Es geht uns darum, mit Ihnen durch Rollenspiele und reflektierende Diskussion zu partnerorientierten Formen von Reden und Verstehen zu gelangen. Ziel ist es, in der Gruppe eigene Standpunkte zur Klärung zu bringen und neue Handlungsmöglichkeiten zur Verfügung zu haben.

Ein nur auf Männer begrenzter Kurs hat für die Teilnehmer den Vorteil, die eigene Rolle und Rollenerwartung ohne die allgegenwärtige Rollenkonfrontation zu hinterfragen und zu verstehen.

Ankündigungstexte für Rhetorikkurse an der VHS für gemischte Gruppen

(1) Ohne Kriterienvorgaben
Täglich werden wir mit Konflikten in der Kommunikation konfrontiert, die hohe Anforderungen an unser Gesprächsverhalten stellen, sei es in Beruf, Fami-

lie oder Öffentlichkeit. Wie entstehen Konflikte in der Kommunikation? Wie können wir damit umgehen? Dieser Kurs soll Informationen und Übungen zum Umgang mit schwierigen Gesprächssituationen anbieten. Ziel des Seminars ist die Verbesserung zwischenmenschlicher Kommunikation, damit das Gesagte so verstanden wird, wie es gemeint ist, dem Gesprächspartner/-partnerin besser zugehört wird und damit Gespräche zu Problemlösung und Verständigung führen.

(2) Mit Kriterienvorgaben

Täglich werden wir mit Konflikten in der Kommunikation konfrontiert, die hohe Anforderungen an unser Gesprächsverhalten stellen, sei es in Beruf, Familie oder Öffentlichkeit. Wie entstehen Konflikte in der Kommunikation? Wie können wir damit umgehen? Ziel des Seminars ist die Verbesserung zwischenmenschlicher Kommunikation, damit das Gesagte so verstanden wird, wie es gemeint ist, dem Gesprächspartner/-partnerin besser zugehört wird und damit Gespräche zu Problemlösung und Verständigung führen.

Anhand von Videoaufzeichnungen soll das eigene Sprechverhalten in Gesprächen und Diskussionen beobachtet und analysiert werden, um in praktischen Übungen Wege zu einer partnerorientierten Verständigung zu finden.

4. Diskussion der Ergebnisse

4.1. Methodenkriterien

Die Beachtung auch methodischer Aspekte bei der Textherstellung für Rhetorikkursankündigungen erachteten die Teilnehmenden generell als sehr wichtig, was sie in der Diskussion über die Kriterienvorgaben zum Ausdruck brachten, aber auch in Textzusätzen umzusetzen versuchten.

Die Vorgaben jedoch erwiesen sich als nicht durchgängig schlüssig: Kritisch benannt wurde besonders der dritte Aspekt, "Lernen durch Vortrag, Gespräch und Diskussion", weil sich hier terminologisch Ziel und Methode überlappen, ohne daß es explizit differenziert wäre. Das Kriterium 5 ("Lernen durch Erkennen und Erforschen") erscheint in dieser Abstraktion als nicht relevant, würde es aber für Rhetorikkurse spezieller auf Analysen von Äußerungen bezogen, erhielte es zentrale Bedeutung.

"Lernen durch Lehren" (6) hat für diese konkrete VHS-Kurssituation wenig Relevanz, die Analyse gedruckt vorliegender Redeteile (7. "Lernen mit gedruckten Texten") hingegen durchaus.

Somit erscheint es der Autorin als angebracht, folgende methodische Kriterien beim Formulieren von Ankündigungstexten für Rhetorikkurse mitzuberücksichtigen:

Methodenkriterien

(1) Lernen durch Tun
(2) Lernen durch reflektierendes Gespräch
(3) Lernen durch Simulation und Spiel
(4) Lernen mit audiovisuellen Mitteln
(5) Lernen durch Analysieren von Redebeiträgen
(6) Lernen an Rede- und Gespächstranskripten

4.2. Inhaltskriterien

Die vorgestellte Herleitung der Inhaltskriterien aus der Gesprächsdefinition von Geissner erwies sich als zu abstrakt, so daß notwendige Transferleistungen in bezug auf konkrete Textformulierungen nicht erbracht werden konnten. Daraus ergibt sich die Notwendigkeit, eine konkretere Ebene darzustellen:

Wenn das Gespräch als Prototyp der Kommunikation angesehen werden kann, dann lassen sich Inhaltskriterien des Gesprächs auch auf die Rede beziehen. So erscheint der Autorin durchaus nicht nur das Gespräch als "intentionale, wechselseitige Verständigungshandlung", sondern gleichermaßen die Rede, ohne das im konkreten Vollzug immer deutlich transparent machen zu können.

Sich verständigen mit *Hörenden* mit einer bestimmten *Intention* impliziert *zielgerichtetes, strukturiertes* und *partnerorientiertes* Sprechen. Wenn Hörende und Sprechende in diesem Prozeß *kooperativ* und *konstruktiv* sind, die *eigenen Standpunkte* darstellen, aber auch *gemeinsame Aspekte* markieren, ist das Kommunikationsziel, "etwas zur gemeinsamen Sache zu machen bzw. etwas gemeinsam zur Sache zu machen" realisierbar.

Kenntnisse über *Redeaufbau, Argumentation, Gesprächsstrukturen* sind für ein wirkungsvolles Sprechen ebenso notwendig wie Erfahrungen mit *Sprechausdrucksmerkmalen* und *Körpersprache*.

Somit entsteht, stärker differenziert, aber hervorgegangen aus einer abstrakteren Ebene, eine neue Zusammenstellung inhaltlicher Kriterien, die das Formulieren von Kurs-Ankündigungstexten substantiell unterstützt:

Inhaltskriterien
(1) Intentionale wechselseitige Verständigungshandlung * zielgerichtet * strukturiert * partnerorientiert * kooperativ * konstruktiv * eigener Standpunkt * gemeinsame Aspekte (2) Struktur * Redeaufbau * Gesprächsstrukturen * Argumentation (3) Sprechvollzug * Atmung * Sprechausdrucksmerkmale * Körpersprache

5. Zusammenfassung

In Anbetracht der intensiven Diskussionen der Workshop-Gruppen über die vorgegebenen inhaltlichen und methodischen Kriterien für die Texterstellung und angesichts ihrer Schwierigkeiten, überhaupt Ankündigungen formulieren zu können, erschien es als sinnvoll, die Kriterien neu zu überdenken.

Die recht unwesentlichen Textveränderungen der Seminargruppen an den spontan erarbeiteten Texten nach Kenntnis der Vorgabekriterien (vgl. die hervorgehobenen Textteile in Abschnitt 3) scheinen andererseits darauf zu verweisen, daß die Übertragbarkeit der abstrakteren Kriterien auf einen konkreten Text nicht ausreichend gegeben war.

Die Autorin stellt mit der überarbeiteten Fassung Kriterien vor, die künftigen Kursleiterinnen und Kursleitern helfen könnten, für ihre Ankündigungstexte für Rhetorikkurse auf einer tragfähigen Basis in der aktuellen Aktivierung relevante Merkmale auszuwählen.

Literatur

Flechsig, K.-H., Haller, D.: Einführung in didaktisches Handeln. Stuttgart 1975
Geissner, H.: Sprechwissenschaft. Frankfurt/M. 1988[2]
Heilmann, C. M.: Rhetorik für Frauen. Eine Analyse von Ankündigungstexten. In: Konzepte rhetorischer Kommunikation (Hrsg. Herbig, A.), Sprechen und Verstehen Bd. 7, im Druck, St. Ingbert 1995
Volkshochschulenprogramm Marburg 1993

ALBERT F. HERBIG

"Frauen und Männer im Gespräch"
Ein Seminarkonzept

Mit diesem Beitrag möchte ich ein Seminarkonzept zum Lernfeld rhetorische Kommunikation vorstellen, das das (vermeintlich oder tatsächlich) unterschiedliche Gesprächsverhalten von Frauen und Männern zum Gegenstand hat. Viele Seminare zu dieser Thematik gehen von der Annahme aus, daß faktisch geschlechtsspezifisch unterschiedliches Verhalten zu konstatieren ist und nehmen dies als Legitimation für das jeweilige Training (man denke an die zahlreichen Angebote "für Frauen"). Im Gegensatz dazu steht in dem hier vorzustellenden Konzept gerade die *Wahrnehmung* des Gesprächshandelns von Frauen und Männern im Zentrum. Das Ziel des Seminars liegt deshalb auch nicht darin, einen bestimmten (welchen?) Gesprächsstil zu trainieren, sondern im Bewußtmachen perspektivischer Gesprächswahrnehmung und der Bewertung dieser Wahrnehmungen. Es ist deshalb auch kein Seminar "für Frauen", sondern eines für Frauen und Männer.

1. Ausgangslage

Seminare zu geschlechtsspezifischem Gesprächsverhalten sind in der Mehrzahl der Fälle Frauenseminare. Dabei wird davon ausgegangen, daß es unterschiedliche weibliche und männliche Gesprächsstile gibt. Außerdem wird weibliches Gesprächsverhalten als defizitär negativ bewertet. Beides zusammen dient der Legitimation von speziellen Rhetorikseminaren für Frauen. Dieser Befund zeigt sich deutlich in den Analysen von Ankündigungstexten für Rhetorikseminare für Frauen, wie sie etwa von Heilmann (1995) durchgeführt wurden. Vor allem in den Seminaraspekten "Ausgangslage" und "Ziele" wird vielfach von unterschiedlichem Gesprächsverhalten ausgegangen und dieses mit einer defizitären Bewertung gekoppelt:

– "Bestimmte Verhaltensweisen fallen Frauen schwerer als Männern"
– "Frauen haben oft Schwierigkeiten, Meinungen klar und deutlich zu vertreten"
  (Heilmann 1995)

Bezogen auf die Ausgangslage als präsupponierte Teilnehmerinnen-Motivation werden außerdem vielfach frauenspezifische Seminarziele formuliert:

– "Mut zum Reden entwickeln"
– "Erkennen, warum Frauen überhört werden und Möglichkeiten zur Veränderung anbieten"

– "Stärken als redende Frau entdecken" (Heilmann 1995).

Es wundert also nicht, daß dieses Thema vor allen Dingen als Frauenthema in den Köpfen ist und daß Männer sich wenig für die Thematik interessieren (sie haben ja kein Defizit im Bereich rhetorischer Kommunikation) und deshalb allenfalls am Rande als "positive" Kontrastfolie erscheinen.

Vor diesem Hintergrund ist zu überlegen, wie man die *Wahrnehmung* des geschlechtsspezifischen Gesprächshandelns von Frauen und Männern ins Zentrum eines Seminars rücken kann. Dies wurde mit dem nachfolgend skizzierten Seminarkonzept versucht[1].

2. Das Seminar im Überblick

1. Tag
Eröffnung und Begrüßung / Informationen zum Seminar
Vorstellungsrunde (als Einstieg in die Thematik)
Reflexion der Vorstellungsrunde: geschlechtsspezifisches Verhalten,
Wahrnehmungskategorien und Bewertung
Seminarüberblick
Arbeitsgruppen: geschlechtssepzifisches Erleben mündlicher Kommunikation
Plenum: Präsentation der Arbeitsgruppenergebnisse
Diskussion offener Fragen
Vortrag: Forschungsarbeiten zu geschlechtsspezifischem Kommunikationsverhalten
Abschluß: Blitzlicht

2. Tag
Rückblick / Nachtrag
Gruppengespräche zu vorgeschlagenem Impuls
Auswertung in den Gruppen
Auswertung im Plenum
Abschlußüberlegungen
Seminarauswertung

3. Theoretische Vorüberlegungen

Ich gehe wie Kotthoff (in diesem Band) davon aus, daß kontextübergreifende Unterschiede im geschlechtsspezifischen Kommunikationsverhalten nur schwer feststellbar sind. Es scheint mir daher sinnvoll, von männlichem und weiblichem Kommunikationsstil zu sprechen, ohne daß dieser eindeutig Männern oder Frauen zugeordnet werden muß. Weiterhin gehe ich davon aus, daß die Kommunikationsteilnehmenden in speziellen Kontexten kommunikatives Verhalten, v. a. geschlechtsbezogen, als prototypisch erleben. Sowohl im Elementarbereich (etwa bei der *prototypischen* Konzeptualisierung von einfachen

---

[1] Das Seminar wurde zusammen mit der Sprechwissenschaftlerin Eva Wessela konzipiert und gemeinsam in Kooperation mit der Evangelischen Akademie im Saarland durchgeführt.

Ausdrücken) als auch bei komplexem Kommunikationsverhalten wird in typische und weniger typische Merkmale unterschieden, es gibt gute und weniger gute Vertreter einer Klasse (Linke 1994, 157 und Aitchison 1987). Jeder Seminarteilnehmer, jede Seminarteilnehmerin hat in unterschiedlichen Kontexten Erfahrungen gesammelt und diese zu subjektiven Theorien entwickelt. Sie bilden einen wichtigen Ansatzpunkt für das Seminar und sollen dort auf ihre Intersubjektivität hin überprüft werden.

4. Ziele des Seminars

Folgende Ziele werden im Rahmen des Seminars verfolgt:

(1) Die Teilnehmenden sollen ihre geschlechtsspezifischen Kommunikationsbilder und prototypischen Vorstellungen und Vor-Urteile explizieren, thematisieren und reflektieren können (individuell und gemeinsam).

(2) Die Teilnehmenden sollen ihr Kommunikationsverhalten im Seminar aus einer geschlechtsspezifischen Perspektive wahrnehmen lernen und diese Wahrnehmung in Bezug setzen zu den Bildern, Vor-Urteilen und prototypischen Vorstellungen, die bereits darüber existieren.

(3) Die Teilnehmenden sollen lernen, zwischen *Wahrnehmung* und *Bewertung* von Wahrnehmung zu unterscheiden.

(4) Die Teilnehmenden sollen Informationen erhalten über wissenschaftliche Forschungsergebnisse im Bereich geschlechtsspezifischen Kommunikationsverhaltens.

5. Die Ausschreibung

Damit die Thematik für interessierte Laien zuzuordnen war, wurden als Seminartitel die Schlagwörter *"Frauensprache – Männersprache"* gewählt und ein Text formuliert, der vorsichtig die Richtung des Seminars andeutete:

"Männer sind in Gesprächen immer dominant!"– "Frauen können besser zuhören!" – "Es gibt keinen Unterschied im Gesprächsverhalten von Männern und Frauen!" ...

Unterschiedliche Wahrnehmungen oder einfach Vorurteile? In diesem Seminar wollen wir dieser Frage nachgehen – Männer und Frauen gemeinsam:

– unsere Wahrnehmungen austauschen
– uns beobachten und unsere Wahrnehmungen vergleichen
– Ergebnisse der Forschung diskutieren".

Die intendierte Zielgruppe kann umschrieben werden als:

– Männer und Frauen, die sich für die Thematik geschlechtsspezifischer Kommunikation interessieren,
– Frauen und Männer, die sich kritisch mit dieser Thematik auseinandersetzen wollen,
– Frauen und Männer, die ihre Geschlechterrolle als kommunikative Rolle reflektieren wollen.

Um das Seminar nicht zur "Frauensache" werden zu lassen, wurde die Seminarleitung geschlechts-paritätisch besetzt. Auch die Teilnehmenden wurden zu gleichen Teilen aus Frauen und Männern zusammengesetzt. Das Seminar dauerte 1,5 Tage (ca. 16 Unterrichtseinheiten) und wurde mit 12 Teilnehmenden durchgeführt.

6. Das Seminar im einzelnen

Der nachfolgend beschriebene Seminarablauf deckt sich weitgehend mit dem tatsächlichen Seminarverlauf.

6.1. Begrüßung und Vorstellung der Seminarleiter

In dieser Phase wurde das Thema des Seminars noch einmal erklärt. Es wurde unterschieden zwischen einer sprachsystematischen und einer kommunikativen Betrachtung der Thematik und betont, daß es um letzteres gehen sollte. Die oben beschriebenen Seminarziele wurden vereinfacht dargelegt und die Methoden (vor allen Dingen Selbstthematisierung, zum Teil unterstützt durch Video, Feedback, Gruppendiskussion und Vortrag) erklärt.

6.2. Vorstellungsrunde

Die Vorstellungsrunde fand in Form einer Einzelvorstellung ohne Vorgaben statt. Sie wurde mit Video aufgezeichnet, um anschließend in bezug auf die Thematik reflektiert werden zu können.

6.3. Reflektion der Vorstellungsrunde

Die aufgenommene Vorstellungsrunde wurde daraufhin ausgewertet, was als typisch männlich bzw. typisch weiblich wahrgenommen wurde. Die verschiedenen Aspekte wurden im Rahmen einer Moderation durch die Seminarleitung den beiden vorgegebenen Kategorien zugeordnet und festgehalten.

6.4. Entwicklung von Wahrnehmungskategorien

Die wahrgenommenen Aspekte wurden um weitere Aspekte aus für die Teilnehmenden einschlägigen Kommunikationssituationen ergänzt und festgehalten. Sie sollten gleichzeitig als Auswertungsaspekte für nachfolgende Seminareinheiten dienen. Gleichzeitig wurde in dieser Phase herausgearbeitet, welche Wahrnehmungsaspekte wie *bewertet* werden, welche normativen Vorstellungen zu den einzelnen Aspekten bei den Teilnehmenden vorhanden waren.

6.5. Systematisierung des Zusammenhangs "Wahrnehmung und Bewertung" durch die Seminarleitung

Die erarbeiteten Zusammenhänge wurden abschließend durch die Seminarleitung systematisiert. Es wurde auf die unterschiedlichen Möglichkeiten der Bewertung als "Bedrohung" oder als "Bereicherung" hingewiesen. Weiterhin wurden die Möglichkeiten von Feedback in diesem Zusammenhang erörtert.

6.6. Nachtragsmöglichkeit zur Vorstellungsrunde

Den Teilnehmenden wurde am Ende dieser Phase die Möglichkeit gegeben, Nachträge zu ihrer Vorstellung zu liefern.

6.7. Seminarüberblick

Vor dem Hintergrund der bisher angestellten Überlegungen wurde das Seminar im Detail erklärt.

6.8. Gruppenarbeit: geschlechtsspezifisches Erleben

Die nun folgende größere Seminareinheit hat geschlechtsspezifisches Erleben, eigenes und gegengeschlechtliches, zum Thema. Vier nach Geschlechtszugehörigkeit zusammengestellte Arbeitsgruppen hatten den Auftrag, geschlechtsspezifische Erfahrungen zusammenzutragen und Möglichkeiten für die Präsentation im Seminar (Vortrag, Spiel, Bilder ...) zu erarbeiten (eine Stunde Bearbeitungszeit und 30 Minuten Vorbereitungszeit für die Präsentation).

Die Arbeitsgruppen präsentierten ihre Ergebnisse im Plenum. Die Mitglieder der Arbeitsgruppen, das Plenum und die Seminarleitung benannten abschließend Fragen und Aspekte, die gemeinsam diskutiert werden sollten.

6.9. Diskussion offener Fragen

Die gesammelten Fragen wurden im Plenum gemeinsam diskutiert.

6.10. Vortrag: Wissenschaftliche Forschung im Bereich geschlechtsspezifisches Kommunikationsverhalten

Zunächst wurden von der Seminarleitung die Probleme qualitativer und quantitativer Forschung auf diesem Gebiet dargestellt, sowie auf methodische und interpretative Schwierigkeiten hingewiesen. Es wurde noch einmal der Unterschied zwischen sprachsystematisch orientierten Arbeiten und kommunikationsorientierten Untersuchungen in diesem Bereich herausgearbeitet. Anschließend wurden einige bekanntere Arbeiten und Ergebnisse zu Unterschieden bezüglich Intonation, Stimme, Wortwahl, Satzbau und Interaktionsverhalten vorgestellt, wie sie aus einführenden Überblicksdarstellungen bekannt sind (z. B. Linke u. a. 1994, 318ff).

Im Anschluß daran wurde auf den Aspekt "Interpretation und Bewertung der geschlechtsspezifischen Unterschiede" eingegangen. So wurde etwa auf die lange Zeit vorherrschende defizitäre Interpretation von tag questions und Heckenausdrücken verwiesen. Es wurde deutlich gemacht, daß es eine Maßstabsfrage ist, ob diese Phänomene als Unsicherheit und Vagheit oder als starke Partnerorientierung und auf Konsens orientierte Kommunikationshaltung interpretiert werden. Auch auf unterschiedliche Modellierungen und Interpretationsansätze solcher Stildifferenzen, etwa als Ausdruck von Konsens oder Konfliktorientierung oder horizontaler oder vertikaler Kommunikationsmuster wurde hingewiesen.

6.11. Tagesabschluß: Blitzlicht

Zum Abschluß des ersten Tages wurde die Gelegenheit eingeräumt, Eindrücke zum Tag und den verschiedenen bearbeiteten Aspekten zu formulieren.

6.12. Gruppengespräche zu vorgeschlagenem Impuls

Der zweite Tag versuchte, den Blick auf das Gesprächsverhalten der Teilnehmenden in Diskussionen zu lenken. Dazu wurden zwei gemischtgeschlechtliche Gruppen gebildet. Diese hatten die Aufgabe, ein Thema, das am Vortage im Plenum andiskutiert wurde, zu besprechen (Beispiel These: "Frauen haben Ideen, Männer ordnen sie"). Der Themenvorschlag kam von der Seminarleitung. Die Gruppengespräche (Zeitvorgabe 30 Minuten) wurden mit Video aufgezeichnet. Anschließend wurden die Gespräche von jeweils einem Seminarleiter / einer Seminarleiterin mit der Gruppe ausgewertet. Den Hintergrund dafür bildeten die am Vortag erarbeiteten Wahrnehmungsaspekte. Anschließend folgte eine gemeinsame Auswertung im gesamten Plenum. Die Leitfragen waren:

– War das zu beobachtende Gesprächsverhalten typisch männlich, typisch weiblich oder fand sich keine Bestätigung?
– Wer brachte welche Qualitäten in die Gespräche ein?
– Wodurch haben die Gespräche welche Impulse bekommen?

Der Blick wurde durch die beiden letzten Fragen weg von der rein geschlechtsspezifischen Wahrnehmung hin zu einer Wahrnehmung von kommunikativen Qualitäten gelenkt.

6.13. Abschlußüberlegungen

In dieser vorletzten Phase des Seminars hatten die Teilnehmenden Gelegenheit, ihre Seminarerfahrung unter der Frage "Was hat sich geändert, was ist in Bewegung geraten?" mit ihren Eingangserwartungen in Verbindung zu setzen.

6.14. Seminarauswertung

In dieser letzten Phase des Seminars hatten die Teilnehmer Gelegenheit, Rückmeldung zum Seminar, den Methoden, Inhalten, Rahmenbedingungen etc. zu geben.

7. Evaluation der Seminardurchführung

Bei der Vorbereitung des Seminars mußten folgende Aspekte genau überlegt werden:

– Welche Seminareinheiten können in welcher "Besetzung" durchgeführt werden?
– Wie läßt sich ein Ausgleich zwischen Reflexionsphasen und praktisch orientierten Phasen herstellen?
– Wie kann verhindert werden, daß das Moment der Selbsterfahrung durch frühzeitige Informationseingabe behindert wird bei gleichzeitiger Wahrnehmung der Expertenrolle durch die Seminarleitung?

Die Evaluation im Einzelnen:

– Die gemischtgeschlechtliche Besetzung der Seminarleitung erwies sich als außerordentlich hilfreich, perspektivische Probleme im Seminar zu bearbeiten (z. B. bei Interventionen).
– Die angestrebten Ziele konnten im wesentlichen realisiert werden, wenn sich auch der knappe Zeitrahmen als sehr hinderlich erwies.
– Die methodische Abfolge der Seminareinheiten, insbesondere hinsichtlich der Balance Reflexion vs. praktischer Erfahrung / Tun, schien uns richtig im Sinne der Zielsetzung.
– Einige (wenige) Seminarteilnehmende kamen mit Erwartungen in das Seminar, mehr über die sprachsystematische Seite der Thematik zu erfahren (z. B. Verhaltensregeln für die Textproduktion).

Die große Unbekannte des Seminars waren die Teilnehmenden:

– Einige Teilnehmerinnen kamen mit der "richtigen" Brille in das Seminar, d. h., sie wollten die anderen Teilnehmenden von ihrer subjektiven Sicht der Thematik überzeugen.
– Ein Teilnehmer benutzte das Seminar, um Antworten auf die Frage zu finden, warum er von seiner Partnerin verlassen wurde.
– Einige Teilnehmende hatten sich noch nie mit der Frage geschlechtsspezifischen Kommunikationsverhaltens beschäftigt.
– Einige Teilnehmende wollten die Seminarerkenntnisse für berufliche Zwecke verwenden.

Das Seminarthema war immer gleichzeitig als "Metathema" und als tatsächliches Thema zwischen den Teilnehmenden präsent. Es kam zu starken Konflikten zwischen den "offenen" Teilnehmenden und denjenigen Teilnehmerinnen, die ihre Sicht der Thematik als allgemeingültige reklamierten. Dieser Konflikt ging so weit, daß teilweise nur noch an den Konflikten zwischen den Teilnehmenden gearbeitet werden konnte. Vor allen Dingen in dieser Hinsicht erwies sich der knappe Zeitrahmen als hinderlich (Konkurrenz des Seminarkonflikts zum "eigentlichen" Thema).

– Als schwierig erwies sich die Einstiegsphase: Die Vorstellungsrunde brachte nicht die von den Teilnehmenden erwarteten typischen Verhaltensweisen ans Licht. Sie führte deshalb aus der Sicht der Teilnehmenden nicht zu Erkenntnissen, sondern zu Irritationen: Bin ich im richtigen Seminar?
– Ausgezeichnet liefen dagegen die Arbeitsgruppen und die Gruppengespräche des zweiten Tages. Hier zeigte sich, daß die Teilnehmenden im Laufe des Seminars ein Gefühl für das Prototypenproblem und die Differenzierung von Wahrnehmung und Bewertung entwickelten. Auch konnte ein zunehmend veränderter Blick hin auf produktive Gesprächsleistungen und weg von der geschlechtsdeterminierten Perspektivität festgestellt werden.

Literatur

Aitchison, J.: Words in the mind. An introduction to the mental lexicon. Oxford 1987
Heilmann, C. M.: Rhetorik für Frauen. Eine Analyse von Ankündigungstexten. In: Konzepte rhetorischer Kommunikation (Hrsg. Herbig, A.). (Sprechen und Verstehen Bd. 7). St. Ingbert 1995
Kotthoff, H.: in diesem Band
Linke, A., Nussbaumer, M., Portmann, P. R.: Studienbuch Linguistik. (Reihe Germanistische Linguistik 121). Tübingen 1994[2]

BEATE JOSTEN

Der Ton macht die Musik
Jede Stimme hat männliche und weibliche Anteile

Als ich das Thema der Zwischentagung "Typisch weiblich – typisch männlich?" las, fühlte ich mich in die 80er Jahre meines Germanistikstudiums zu-
rückversetzt. In den Seminaren zum Thema "Weibliche Kunst, was ist das?"
wollten und mußten wir erst einmal jede o. g. Zuordnung in Frage stellen, um
die Bindung an ein Geschlecht auszulöschen. Wir kamen uns vor wie Kinder,
die wissen, daß sie in jedem Fall zur Verlosung zu spät kommen, da die Veran-
stalter schon längst alle Gewinne unter sich aufgeteilt hatten, uns aber trotzdem
dazu zwangen, die verbleibenden Nieten zu kaufen. Begriffe wie: passiv, emotional, leise, nachgiebig und regressiv, die dem weiblichen Prinzip zugeordnet
wurden, konnten nur mit Mißtrauen auf die gleichzeitig damit verbundene Minderwertigkeit erlebt werden. Wir standen damals sowohl unter Verteidigungs-
als auch unter Gegenbeweiszwang. Im Grunde wollten wir aber in der Vergan-
genheit und in der Gegenwart Inhalte finden, die uns Identifikation und damit
Entwicklungschancen boten. Wir wollten Strukturen und Prinzipien erkennen,
die Allgemeingültigkeit besaßen und Unterscheidungsmerkmale aufzeigten,
welche frei von dem Hintergrund eines Machtanspruches waren. Wir wollten
die Möglichkeit haben, die wesentlichen Qualitäten einer Erscheinung zu erkennen und wertschätzen können.

Die Erscheinungen, die mich heute in den 90er Jahren als Atem-, Sprech-
und Stimmlehrerin nach Schlaffhorst/Andersen beschäftigen, sind die Wechselwirkung und das Zusammenspiel von (1) Atmung, (2) Stimme und (3) Literatur. Dabei konzentriere ich mich im Wesentlichen auf zwei Grundprinzipien,
die sich auf den genannten drei Ebenen wiederfinden lassen: Ausatmen/Einat-
men, Aktiv/Passiv, Saugen/Fließen, Männlich/Weiblich. Anhand der schemati-
schen Darstellung der Funktionsmechanismen von Atmung und Stimme möchte ich die Wirkungsweise beider Prinzipien deutlich machen.

1. Atmung

Der Haupteinatemmuskel, das Zwerchfell (im folgenden kurz ZF), bekommt
vom Atemzentrum den Befehl zur Einatmung. Es beginnt die erste Phase der
Aktivität, der Zusammenziehung. Als eine Muskelfaserplatte, die Brust- und
Bauchraum trennt, muß es eine ausreichende Menge Energie aufbringen, um
die Bauchorgane gegen ihren Massenwiderstand nach unten zu verdrängen und
die Lunge gegen ihren elastischen Widerstand nach unten hin auszudehnen. Un-

terstützt wird es bei dieser Aktion von den äußeren Zwischenrippenmuskeln (im Folgenden kurz ZwiRiMu), die einen seitlichen Dehnungszug auf die Lunge ausüben. Beide Muskelgruppen bewegen in ihrer aktiven Phase sich und die umliegenden Organe, sind form- und raumverändernd und verbrauchen Energie. Sie sind im hier gemeinten Sinne aggressiv. Wurde ausreichend Sauerstoff aufgenommen, beginnt die zweite Phase der Ausatmung. Hier geben ZF und ZwiRiMu ihren Spannungszustand und damit ihre Form mehr oder weniger rasch auf. Nun folgen sie der Lunge und den Bauchorganen, die wieder in ihre ursprüngliche Form zurückdrängen. In der dritten, der Lösungsphase oder Pause, haben die Muskeln weder das Bestreben zu führen, noch zu folgen, sondern befinden sich im eutonischen Gleichgewicht. Die Einatemmuskeln ordne ich dem männlichen Prinzip zu.

Führen ZF und ZwiRiMu die Einatmung an, so führt die Lunge als Antagonistin die Ausatmung an. Jedoch nicht aktiv, unter Einsatz von Muskelkraft, sondern reflektorisch. "Die Lunge hat im Grunde keine Eigenform. Sie füllt den Raum aus, der zwischen Brustfell, Zwerchfell und Mittelfellraum noch übrig bleibt. Ihr Bindegewebe ist von elastischen Fasern überzogen, deren Zugrichtung auf die großen Bronchien hin (mittig) wirkt" (Lippert 1989). Folgt sie in der Einatmung widerstrebend dem muskulären Zug, so folgt sie bei der Ausatmung ihren elastischen Rückstellkräften, die eine reflektorische Zusammenziehung bewirken. Diese ist nicht zu verwechseln mit der Zusammenziehung der Muskulatur, da sie keine Energie verbraucht. Nach der Ausatmung entsteht für sie eine, durch ihren Rahmen (Brustkorb und ZF) bestimmte bewegungslose Ruhephase. Von einer wirklichen Lösung kann bei der Lunge nicht gesprochen werden, da sie beim vollständigen Nachgeben in ihre mittige Zugrichtung hin zusammenfallen würde. Sie wirkt also als passives Prinzip, ist nachgiebig, aufnehmend und anpassungsfähig. Ich ordne der Lunge das weibliche Prinzip zu.

Zusammenfassung: Beide, sowohl die Lunge als auch die Muskulatur, durchlaufen die drei Phasen der Atmung: Zusammenziehung, Streckung, Lockerheit, allerdings durch unterschiedliche Prinzipien. Beide Prinzipien arbeiten antagonistisch, und die Qualität der Atmung hängt von dem Zwiegespräch, das beide miteinander führen, ab. Beide sind in uns, und wir müssen sie nicht im Außen suchen, wenn wir sie realisieren wollen.

2. Zum Funktionsmechanismus der Stimme

"Die Stimmlippen (auch musculus vocalis) und Stimmbänder (Randkante) müssen als zwei verschiedene Organe betrachtet werden, beiden sind während ihrer Zusammenarbeit höchst eigene, voneinander grundsätzlich verschiedene Aufgaben zugeteilt. Den Stimmlippen Aufgaben, die von ihnen selbst zu leisten sind, den Stimmbändern passive, von außen her bewirkte" (Husler/Rodd-Marling 1965). Der m. vocalis kann aufgrund der Intensität seiner Kontraktion, die Masse und damit das Schwingungsverhalten der Stimmlippen beeinflussen. Damit ist er für den Stimmbandschluß und für die Lautstärke zuständig. Dominiert der vocalis, das männliche Prinzip bei der Tonerzeugung, kommt es zu Vollschwingungen mit großer Amplitude und dicken Stimmlippen. Diese Stimmlippenschwingungsart wird als Brustregister bezeichnet. Das Klangprodukt ist: vital, voluminös, dramatisch, laut, kernig, im Brustton der Überzeugung, beherrschend, fest und individuell repräsentativ. Wird diese Funktion dauerhaft und isoliert betrieben, kann der Klang roh, krank, heiser, hart, dumpf, angestrengt und damit überbrustet werden. Als Folge ergeben sich Einschränkungen im Bereich der Modulation, da der Stimme nur noch ein begrenztes Tonspektrum zur Verfügung steht. Die Stimme wirkt dann monoton und unflexibel und ist auch dynamisch eingeschränkt, da sowohl leise als auch tragfähige Töne nicht mehr produziert werden können. Damit sind auch die emotionalen Ausdrucksmöglichkeiten der Stimme reduziert.

Es wird deutlich, daß der isolierte Gebrauch eines Prinzips dazu führt, den Gegenpol zu vernachlässigen oder aufzugeben und damit auf die Dauer selbstschädigend zu wirken.

Der Gegenpol des m. vocalis ist u. a. die Randkante (Stimmband und Schleimhaut). Sie ist in ihrer Bewegungsform einerseits von der gestaltenden Energie des m.vocalis und andererseits von der Strömungsgeschwindigkeit der Atemluft abhängig. Von diesen beiden Komponenten in Schwingungen versetzt, kann sie sich sowohl vertikal als auch horizontal über den Muskel bewegen. Die Randkante ist maßgeblich, aber passiv an der Tonerzeugung beteiligt. Dominiert das weibliche Prinzip der Randkante, und kommt es zu dünnen Stimmlippen, zu Schwingungsbewegungen, die hauptsächlich vertikal sind, und zu einer geringen vocalis Aktivität, dann wird diese Stimmlippenschwingungsart als Kopfregister bezeichnet. Das Klangprodukt ist weich, lyrisch, sphärisch und zart. Bei isoliertem Gebrauch des Kopfregisters wird die Stimme mit der Zeit leise, verhaucht, mitleiderregend, schwach, säuselnd und kraftlos. Auch hier wird die Modulation genauso eingeschränkt wie die Dynamik und Ausdrucksfähigkeit.

Zusammenfassung: Es müssen also das männliche Prinzip des Brustregisters und das weibliche Prinzip des Kopfregisters zusammenwirken, um einen gesunden, tragfähigen, d. h. mit Kern und Brillanz ausgestatteten Ton produzieren zu können. Und nur wenn beide Prinzipien zusammenwirken, kann das spezifische Potential des einzelnen Prinzips voll entwickelt werden. In der Gesangspädagogik wird dann vom Mittelstimmregister oder von der Einregisterstimme gesprochen.

Das Erleben oder Lebenlassen beider Prinzipien kann sich bei der Arbeit an der Stimme sehr lebendig gestalten. Es bedeutet immer den Versuch, die innere Kommunikation beider Pole, die Lebendigkeit und Vitalität der Stimme und damit des Menschen zu fördern. Hierbei kann ich die Wechselwirkung von Atmung und Stimme nutzen. Denn, ist von einem Glied dieser Kette ein Pol geschwächt, so kann er von dem gesunden Pol unterstützt und geheilt werden. So wie sich eine verloschene Kerze an einer brennenden entzünden kann. Die Verbindung von Atmung und Stimme besteht für mich u. a. in der Koordination von Lunge und Randkante und ZF und vocalis.

Konzentriere ich mich bei Übungen auf die Vitalität des ZF (Rhythmus, Impulshaftigkeit), so unterstütze ich das männliche Prinzip des vocalis. Da ich die Lunge nur über ihre Rahmenspannung erreichen kann, muß ich über die bewußte Steuerung der ZwiRiMu die Zusammenziehungstendenz und damit die Ausatmung regulieren. Liegt bei Übungen die Konzentration auf der Vitalität der ZwiRiMu (legato, glissando), wird das weibliche Prinzip der Lunge und damit der Randkante gefördert. So kann das ZF den vocalis und die Lunge die Randkante "entzünden". Beide Prinzipien wirken natürlich auch umgekehrt, also wechselseitig.

3. Literarische Texte

Hörbar wird die Verbindung beider Prinzipien in der Literatur. Ich habe vier Gedichte ausgesucht, um zu zeigen, daß auch hier diese beiden Prinzipien lebendig sind.

Das erste Gedicht, "Ein Liebeslied" von Else Lasker-Schüler (1993, 359), lebt durch den Wunsch des lyrischen Ich, einen Geliebten aufzunehmen, ihn zu sich kommen zu lassen. Die Richtung geht also nach innen, das Prinzip ist hier weiblich, passiv, regressiv. Die Stimmung ist sphärisch, träumerisch, sanft, verschleiert, erotisch und müde. Hier zeigt sich die erste Wechselwirkung von Literatur und Stimme. Der Stimmklang sollte die Stimmung des Gedichtes ausdrücken. Auch sie wird lyrisch, fein aber tragend, zärtlich berührend und entspannt geführt. Es wird das Kopfregister gefordert, die Randkante muß also frei schwingen und dominierend eingesetzt werden können. Die häufigen Klinger (M, N) und die dunklen Vokale fordern und fördern die Stimme ebenfalls in dieser Funktion. Auch die Bilder sind märchenhaft, traumhaft und luftig und unterstützen die Stimmgebung in diese Richtung. Das Atemmuster ist, trotz der beim Sprechen erfolgenden Ausatmung, in der Tendenz an der Einatmung orientiert. Genauso, wie auch die Bewegungsrichtung auf das lyrische Ich hin ausgerichtet ist, wird auch hier die Atmung versuchen, das Objekt einzusaugen, seine Wirkung aufzunehmen und zu genießen. Die Körperspannung wird so ausgerichtet sein, daß eine vorsichtige und dosierte Luftabgabe erfolgt (mit Hilfe der Vorstellung einzuatmen), damit eine sanfte Stimmgebung möglich wird. Hier können aufnehmende, öffnende Bewegungen der Arme unterstützend eingesetzt werden, da sie die Weitstellung des Brustkorbs hervorrufen. Dieser

Stimmgebrauch bedeutet nicht etwa Schlaffheit oder Lockerheit, sondern erfordert ein hohes körperliches und konzentratives Niveau. Es gilt, eine Rahmenspannung aufrechtzuerhalten, die das freie Schwingen der Randkante möglich macht. Dieses hohe Spannungsniveau übertrug sich auch auf die Zuhörer und Zuhörerinnen. Die Sprecherin bekam eine Intensität und Konzentration, die das Publikum ansteckte. Es wurde "gebannt". Die Sprecherin selbst erlebte eine Verwunderung darüber, wie aufbauend die effektive, da über die Randkante sehr tragfähige Stimmgebung war, und obwohl sie sich nicht nach "draußen" anstrengte ein großer Ton möglich war.

Im Goethe Gedicht "Willkommen und Abschied" (1988, 28) ist die Richtung genau umgekehrt. Sie ist expressiv, aggressiv, nach außen gerichtet und zielt auf ein Du ab. Das lyrische Ich hat eine Begeisterung an seiner eigenen Lebens-, Schaffens- und Bewegungsenergie. Der Stimmklang ist, der Stimmung entsprechend vital, dynamisch und kernig und wird von der Geschwindigkeit des Textes und dem dramatischen Ausdruck der Ausrufe (Welches Feuer! Welche Glut! Ihr Götter!) beeinflußt. Die Strömungskonsonanten (Sch, F), vor allem aber die Halbklinger (W, S) und Explosive (T, P, B, G) lenken hier die Atmung nach außen. So wird über die erhöhte Strömungsgeschwindigkeit der vocalis angeregt. Denn: je mehr von unten kommt, desto mehr geschieht oben. Damit aber keine statischen oder verkrampften Verhältnisse auftreten und der Stimmbandschluß nicht zu stark wird, kann die Impulshaftigkeit des jambischen Rhythmus' genutzt werden. Dadurch entsteht ein Federn des ZF, welches in den Flanken wahrgenommen werden kann. Die Stimmgebung kann auch als ein Anlehnen des Tones gegen das Brustbein gedacht werden (Appoggiare). Auch hier geht es, genau wie in dem ersten Gedicht darum, etwas lebendig werden zu "lassen", nicht "auf Mann zu machen", sondern das eigene männliche Prinzip lebendig werden zu lassen. Die Sprecherin machte die Erfahrung, daß Rhythmus, Stimme, Atmung und Literatur zu einer ausdrucksstarken, sich selbst tragenden Einheit zusammenwuchsen.

Sie mußte sich nicht bemühen, um überzeugend, dynamisch und spannend zu wirken und erlebte das männliche Prinzip als sich immer wieder in ihr neu bildende pulsierende Energie. Dem Publikum fiel die überzeugende Kraft auf, die sie durch die Lebendigkeit vermittelte.

Daß in einem Gedicht beide Richtungen abwechselnd auftreten können, und daß dies die lebendige Wirklichkeit eines (jeden) Menschen sein kann, zeigt das Gedicht "Nachtphantasien" von Louise Aston (1990, 198). Es ist geprägt durch seine Gegensätze (Liebe/Haß, Mitternacht/Tag, Tod/Leben, Innen/Außen, Vergangenheit/Zukunft, hell/dunkel, leise/laut, männlich/weiblich), durch die abwechselnden Bewegungsrichtungen und seine dynamischen Wechsel. Stimmlich bedeutet dies, flexibel zwischen Kopf- und Brustregister wechseln zu können und die Atmung vom saugenden zum fließenden Prinzip umlenken zu können. An diesem Gedicht wird deutlich, daß jedes Prinzip in sich gestaltungsfähig ist, Schattierungen hat, vielfältig ist. Nach innen gerichtete Verzweiflung kann laut sein und nach außen gerichtete Apelle können leise sein. Es ist die Richtung, in die ich denke, atme und spreche, die darüber entscheidet, welche spezifische Wirkung sich für den Zuhörer und die Zuhörerin ergibt. Ich habe hier bewußt den Text einer Frau gewählt, um deutlich zu machen, daß beide Prinzipien nicht geschlechtspezifisch sind, sondern Ausdruck einer Intention sind.

Im letzten Text, der "Ballade vom Förster und der Gräfin" von B. Brecht (1984, 137), kommen neben den beiden Prinzipien noch ein "Ausgleichsprinzip" vor. Hier sind beide Prinzipien gleichstark und gleichzeitig wirksam. Sie sind realisiert in der Person des Erzählers, der eine sachliche, betrachtende, darstellende Haltung einnimmt, sich nicht entscheidet, sondern die Spannungen der Richtungen aushält und wirken läßt. Die geschlechtsspezifische Rolle und die Machtverhältnisse sind hier durch den Status der Gräfin und den ihres Försters vertauscht. Dies sollte sich in der Stimmgebung niederschlagen, zumal in diesem Gedicht alles, was gesagt wird, nicht passiert, und das, was passiert, nicht gesagt wird. Es lebt also von den Untertönen, der stimmlichen Gestaltung, davon, daß der Ton die Musik macht. Denn eine säuselnde Gräfin hätte nicht die nötige Befehlsgewalt und ein befehlender Förster wäre, was den Status angeht, "am Inhalt vorbei". Ein weiteres Beispiel dafür, daß die Prinzipien nicht geschlechts- sondern situationsabhängig sind.

In der dritten Person des Erzählers muß sich der Sprecher oder die Sprecherin um einen Ausgleich der Register bemühen. Weder die Atmung noch die Stimme dürfen in eine Richtung dominieren, sondern müßen sich in beiden Richtungen die Waage halten. Hier ist das Mittelstimmregister gefordert. Von hier aus kann die Stimme flexibel und lebendig jederzeit in ihre beiden, ihr zur Verfügung stehenden männlichen oder weiblichen Anteile einschwingen. Denn jede Stimme hat männliche und weibliche Anteile und muß diese, wenn sie gesund und ausdrucksstark werden und bleiben soll, entwickeln.

Literatur

Aston, L.: Nachtphantasien. In: Deutsche Dichterinnen (Hrsg. Brinker-Gabler, G.), S. 198, Frankfurt/M. 1990
Brecht, B.: Gedichte über die Liebe. S. 137, Frankfurt/M. 1984
Husler, F., Rodd-Marling, G.: Singen. Mainz 1965
Lasker-Schüler, L.: Gedichte 1902–1943. S. 359, München 1993
Lippert, H.: Anatomie. München 1989
Trunz, E.: Goethe-Gedichte. S. 28, München 1988

HELGA KOTTHOFF

Konversationelle Belehrungsvorträge als Geschlechterpolitik

Dieser Aufsatz repräsentiert die Kurzfassung der Analyse einer komplexen Sprechaktivität, welche vor allem in Diskussionen eine wichtige Rolle spielt, konversationelle Belehrungen.[1] Sie sind von Bedeutung bei der Inszenierung von Expert(inn)enstatus. In öffentlichen Kontexten von Fernsehgesprächen halten mehr Männer als Frauen Belehrungsvorträge. Trotzdem ist die Aktivität keineswegs geschlechtsexklusiv. Man kann beobachten, wie der extrinsische, gesellschaftliche Status einer Person mit ihrem intrinsischen Gesprächsstatus in komplexer Weise zusammenhängt. Wenn in einem Fernsehgespräch für männliche Teilnehmer Dominanz hergestellt wird, so ist diese oft insofern überdeterminiert, als verschiedene Attribute als Ressourcen für den Aufbau eines hohen Gesprächsstatus genutzt werden, z. B. Geschlecht in Kombination mit hohem beruflichem Status. Andrerseits versuchen auch als Laien und Betroffene eingeladene Männer stärker als in diesen Rollen eingeladene Frauen, für sich einen Expertenstatus auszuhandeln.

1. Belehrungen und Erklärungen

Prinzipiell legt eine Belehrung Wissen dar, womit andere "aufgeklärt" werden sollen (Keppler 1989; Keppler/Luckmann 1991). Die Sprechaktivität Belehrung kreiert vorübergehend eine hierarchische Beziehung zwischen den Interagierenden. Diese Asymmetrie wird entweder im weiteren Interaktionsverlauf wieder ausgeglichen oder weiter ausgebaut. Sie ist dadurch definiert, daß der Sprecher ein Wissen darbietet, welches er beim Hörer als inadäquat unterstellt und er interpretiert dieses Wissen auch (Keppler/Luckmann 1991). Strategische Belehrungen enthalten oft auch Bewertungen der Standpunkte der anderen. Sie transportieren nicht irgendwelche Informationen (wie in unbestimmten Frage-Antwort-Einheiten), sondern exemplarische, solche mit einem weiten Geltungsbereich.

Im Unterschied zu Keppler (1989) und Keppler/Luckmann (1991), welche nicht zwischen Erklärung und Belehrung unterscheiden, definiere ich eine Erklärung als selbst- oder fremdinitiierte Wissensdarlegung ohne Absolutheitsanspruch; die Belehrung hingegen korrigiert Wissen, Haltungen oder Standpunkte, die im Diskurs bereits deutlich geworden sind, hat also andere interaktionsgeschichtliche Voraussetzungen als die Erklärung. In moralischer Hinsicht weisen Belehrungen den Belehrten den "richtigen" Weg. Sie kommunizieren Superiorität. Auch durch Erklärungen kann eine punktuelle Asymmetrie in der Kommunikation entstehen. Belehrungen sind aber noch stärker gesichtsbedrohlich, da der belehrten Person vermittelt wird, daß ihr Denken oder Handeln im Gegensatz zu ihrer eigenen Annahme falsch oder defizitär ist. Im Falle der Erklärung geht man nicht davon aus, daß die Adressatin sich selbst im Zustand adäquaten Wissens verortet. Die Erklärung ist im Sinne der Adressatin, die Belehrung nicht oder zumindest weniger.

Belehrungen sind von unterschiedlicher Komplexität; eine Einwortäußerung kann schon belehrend sein. Es soll hier speziell um größere Belehrungseinheiten gehen, welche in monologischen Formaten dargeboten werden, die Sacks (1974) "große Pakete" genannt hat. Bei "großen Paketen", wie auch Witze oder Erzählungen sie darstellen, sind die normalen Verfahren des Sprecherwechsels suspendiert. Eine Erzählende oder Vortragende hat mehr oder weniger exklusiv das Rederecht inne, bis die Einheit abgeschlossen ist. "Große Pakete" werden deshalb auf besonders markierte Weise eingeleitet, so daß eine interaktionelle Orientierung entsteht, welche eine längere Sprechphase erwarten läßt.

Konversationelle Vorträge haben eine prototypische Struktur mit Einleitung, Hauptteil und Schluß. Sie können berichtend, erklärend oder belehrend sein. Im Unterschied zu Erzählungen werden sie nüchtern und sachorientiert dargeboten. Sie enthalten weder exaltierte noch spaßige Einlagen. Sie bieten Informationen im Modus der Objektivität dar.

2. Das Korpus

Ich untersuche Belehrungen in Fernsehdiskussionen des österreichischen "Club-II". Diese zwei- bis dreistündigen Diskussionen sind sehr offen strukturiert und werden immer direkt ausgestrahlt, mit offenem Ende spät in der Nacht.[2] Mich interessieren diese Diskussionen, weil sie einen abgerundeten Mikrokosmos darstellen, in dem das Spiel der Standpunkte, der kommunikativen Stile und der Imagearbeit der Teilnehmer/innen stark dem Selbstlauf überlassen ist. Aushandlungen konversationeller Dominanz sind deshalb als Prozesse in der Gruppe verfolgbar. Mein Korpus besteht aus zehn Gruppendiskussionen. Ich gebe später eine Kurzcharakterisierung der Gespräche.

3. Geschlechterhierarchien in öffentlichen Kontexten von Fernsehgesprächen

Belehrungsvorträge sind stark statusgenerierende Aktivitäten. Über komplexe Wissensdarlegungen kann eine Sprecherin bzw. ein Sprecher für sich den Situationsstatus einer Expertin / eines Experten herstellen. Dieser Status wird interaktiv ausgehandelt, d. h., die anderen Anwesenden ratifizieren den Aufbau einer solchen Situationsrolle oder produzieren sie sogar mit, indem sie der Person beispielsweise Fragen stellen und ihr Raum geben für lange Ausführungen. In sieben der Club II-Diskussionen aus meinem Korpus wird diese statushohe Rolle mit einigen anwesenden Männern ausgehandelt. Konversationelle Belehrungsvorträge spielen in diesen sieben Diskussionen eine Rolle bei der Produktion eines hierarchischen Arrangements der Geschlechter in diesem Kontext. Drei Diskussionen meines Korpus zeigen dieses geschlechtsnormative Muster nicht; in einer Diskussion über das Hobby des Motorradfahrens und seine Risiken spielen Belehrungsvorträge generell keine besondere Rolle; in einer anderen Diskussion über die Politik der österreichischen FPÖ wird für die einzige anwesende Frau, Hildegard Hamm-Brücher, ein sehr hoher Status hergestellt. Hamm-Brücher hält auch Belehrungsvorträge an die Adresse der anwesenden Funktionäre der rechtspopulistischen FPÖ. Auch in der Diskussion "Mein Arzt spricht nicht mit mir" wird für die beiden anwesenden Frauen, eine Professorin und eine Wissensschaftsjournalistin, ein vergleichsweise hoher Status produziert. Diese beiden Frauen legen häufig Informationen aus ihren Fachgebieten dar, aber sie belehren selten jemanden eines Besseren. Die Diskussion verläuft kaum nach geschlechtsstereotypen Mustern, da auch die anwesenden Männer sich in der Mehrzahl kooperativ verhalten.

4. Zur Konzeptualisierung von Geschlecht als Identitätskategorie in der Kommunikation

Geschlecht ist nicht die einzige Kategorie, die bei der Aushandlung von Rangunterschieden in der Kommunikation eine Rolle spielt. Das kulturelle Geschlecht spielt seine Rolle sowieso oft indirekt, verwoben mit anderen Kategorien, die in dem Kontext relevant werden können, wie z. B. dem Bekanntheitsgrad der Person, ihrem beruflichen Status, ihrer Medienerfahrung, ihrer rhetorischen Kompetenz usw. In den westlichen Industrieländern gibt es keine geschlechtsexklusiven kommunikativen Verhaltensweisen. Es gibt allerdings konversationelle Aktivitäten, die entweder von Frauen oder von Männern mehr ausgeführt werden. Männer halten z. B. wesentlich mehr politische Reden, kirchliche Predigten und professorale Vorträge als Frauen. Die konversationellen Aktivitäten, welche wir im Alltag ausführen, haben sehr viel mit unserem Beruf und unserer Art des Privatlebens zu tun, mit Strukturen der Lebenswelt und Praxisfeldern also (Schütz/Luckmann 1979; Bourdieu 1982 / dt. 1990). In beidem spielen die Geschlechter andere Rollen. Gesellschaftliche Institutionen der Macht-, Wissens- und Religionsproduktion sind im Patriarchat von Männern dominiert und reproduzieren auch deren Dominanz (Bourdieu 1990). Also führen diese auch dort und anderswo die zentralen und prestigeträchtigen Sprechaktivitäten aus.

Das ethnomethodologische Konzept[3] des "doing gender", welches viele Vorteile hat (die hier nicht ausgeführt werden können, siehe Kotthoff 1993a), unterschätzt, wie viele andere Konzeptionen von sozialem Geschlecht auch, daß "gender" selten direkt inszeniert wird. Eine direkte Inszenierung ist z. B. der Fall in der Geschlechteretiquette, wenn der Mann der Frau z. B. die Tür aufhält (Goffman 1977, dt. 1994). Häufig ist "doing gender" verquickt mit der Inszenierung einer Identität, die geschlechtspräferentiell ist und insofern auch Männlichkeit und Weiblichkeit nur unter der Hand mitproduziert. Es muß auch beachtet werden, daß die agierende Person keinesfalls immer selbst Initiatorin ihrer kulturellen Geschlechtlichkeit ist. Wenn Männer beispielsweise auf der Straße einer Frau hinterherpfeifen, wird deren Frau-Sein schlaglichtartig relevant gesetzt (Gardener 1981). Die Aktivität der pfeifenden Männer kann als "doing gender" bezeichnet werden, aber "gender is done for her" – um in der Terminologie der Ethnomethodologie zu bleiben. Die Frau wird selbst in diesem Kontext gar nicht aktiv, um ihr Frau-Sein hervorzuheben. Die Geschlechterpolitik wird sogar gegen ihre Interessen veranstaltet.

Wenn eine zur Fernsehdiskussion eingeladene Expertin kaum in dieser Rolle angesprochen wird oder sogar daran gehindert wird, ihr fachliches Wissen auszubreiten, wird für sie ein niedriger Status mit normativ-weiblicher Unterlegenheit im Bezug auf kompetente Selbstdarstellung produziert. "Gender" ist stärker eine soziale als eine personale Kategorie (Hirschauer 1994). Das kulturelle Geschlecht kann z. B. bei einer Bewerbung den Sieg über die Professionalität einer Frau davontragen, wenn man ihr trotz Höchstqualifizierung eine Stelle zugunsten eines männlichen Bewerbers nicht gibt. Es wird dann sozusagen gegen ihre eigene Aktivität eine geschlechtliche Identitätskategorie gegen die professionelle relevant gesetzt. Das kulturelle Geschlecht ist eine Kategorie der Sozialordnung, ein Ordnungsfaktor von Interaktionen (Goffman dt. 1994; Kotthoff 1994).

Generell soll die Rolle der Geschlechter im öffentlichen Diskurs der Fernsehdiskussionen und ihr Kommunikationsgebaren nicht losgelöst voneinander gesehen werden. In der Kommunikation werden die Geschlechterrepräsentationen mit ihren Attributen und Normen produziert, reproduziert und aktualisiert durch geschlechtsdifferente Aktivitäten, welche auf die institutionelle Ebene zurückwirken und dort verstärkt werden. Auf der Ebene der Kommunikation sind die Typisierungen, welche eine lange Geschichte haben (also zunächst schon vorhanden sind), allerdings auch veränderbar. Dem kulturellen Geschlecht wohnen außerdem durchaus Verhaltensspielräume inne, wie auch die Fernsehgespräche zeigen. Zum einen werden nicht in jedem Kontext die normativen Typisierungen gleichermaßen ausagiert und zum anderen auch nicht von allen Mitgliedern einer Kultur im gleichen Ausmaß. Aber, wie gesagt, für Männer und Frauen kann auch ihre Umgebung eine normative Geschlechtlichkeit gegen ihre eigenen Handlungen und Präsentationsformen relevant setzen. Sie sind geschichtlich gewachsen und funktionieren handlungs- und wahrnehmungsstrukturierend (Bourdieu 1990).

In der frühen linguistischen Geschlechterforschung wurde davon ausgegangen, bestimmte kommunikative Phänomene könnten stabil und situationsübergreifend mit einem Geschlecht verbunden werden. So behaupteten Zimmerman und West (1975, 1979, 1983) beispielsweise, Männer würden Frauen systematisch unterbrechen. Durch Unterbrechungen würde Männlichkeit als Form von Dominanz ausagiert. Diese Behauptung läßt sich nicht aufrechterhalten (James/Clarke 1993; Kotthoff 1993b). Zum einen signalisieren Unterbrechungen gar nicht in jedem Fall Dominanz und zum anderen ist es von Kontext zu Kontext höchst unterschiedlich, wer wen mehr unterbricht. Keinem Geschlecht haftet ein bestimmter Gesprächsstil an wie Pech und Schwefel (dazu auch Günthner 1992). Wenn männliche Dominanz hergestellt wird, so sind die daran beteiligten Verfahren durchaus nicht immer die gleichen.

In der Regel ist männliche situative Dominanz überdeterminiert, d. h., daß der Mann über sein schlichtes Mann-Sein hinaus auch durch andere Attribute einen hohen Status genießt. Die Geschlechter begegnen sich in unserer Gesellschaft (und nicht nur dort) oft in einem Arrangement, in welchem der Mann auf verschiedenen Ebenen höher eingestuft ist als die Frau, z. B. als Arzt und Krankenschwester, Talkmaster und Assistentin, Priester und Haushälterin, Professor und Sekretärin. Goffman (1977, 1979) hat aufgezeigt, daß sich in vielen Arrangements des Alltags Geschlechterhierarchien ritualisieren. Das verbreitete heterosexuelle Paarungsverhalten ist so ritualisiert[4], daß sich beide ihre Geschlechterglaubensvorstellungen gegenseitig spiegeln. Der Mann ist häufig reicher, größer, älter und stärker als die Frau. Eine vorhandene Tendenz kann durch solche Paarungspraktiken zur Regel gemacht werden. Daß es viele Frauen gibt, die größer, stärker, älter und reicher sind als viele Männer, fällt dann nicht mehr auf. Diese extrinsische Höhergestelltheit des Mannes dient als Ressource für die intrinsische Dominanzherstellung, welche aber nicht zwangsläufig so aktualisiert werden muß. Ethnomethodolog/inn/en unterschätzen, wenn sie den Aushandlungscharakter von Status betonen, vielfach die Kraft von extrinsischen, tradierten Ressourcen.

5. Kurze Charakterisierung der Fernsehgespräche

Man kann in einem so kurzen Artikel nicht die prozessual entstehenden Machtstrukturen in mehreren Fernsehdiskussionen in ihrer Prozeßhaftigkeit und interaktionellen Aushandlung qualitativ nachzeichnen. Aus Platzgründen beschränke ich mich also auf eine Kurzcharakteristik der Debatten.[5]

In Diskussion I geht es um das Thema "Muttersöhne". Es nehmen fünf Männer und außer der Moderatorin zwei Frauen teil. In der Diskussion I werden der Buchautor Pilgrim, die Psychotherapeutin Rieß und der Psychoanalytiker und Buchautor Leupold-Löwenthal als Menschen vorgestellt, die sich professionell mit den zur Debatte anstehenden Problemen beschäftigt haben. Sie sind als Experten eingeladen. Der Autor Volker Elis Pilgrim hat mit weitem Abstand die meiste Redezeit. Er und Leupold-Löwenthal konkurrieren mit gegenseitigen Belehrungen. Für sie wird der Expertenstatus wesentlich stärker relevant gesetzt als für Frau Rieß. Frau Rieß agiert eher als betroffene Mutter.

Das Thema von Diskussion II ist "Väter als Täter"; es geht um sexuelle Gewalt gegen Kinder im familiären Zusammenhang. Vier Frauen, drei Männer und eine Moderatorin nehmen an dem Gespräch teil. Drei Frauen und ein Mann haben persönlich sexuelle Gewalt von männlichen Familienmitgliedern erlitten. Zwei der Frauen haben die Erfahrung in einem Buch verarbeitet. Ein anwesender Künstler verhindert einen immer wieder versuchten sensiblen Erfahrungsaustausch, indem er die Gruppe über ethnologische und soziohistorische Fragen zum Komplex der Sexualität von Kindern belehrt (zu Diskussion I und II siehe Kotthoff 1992). Nur die Frauen sprechen als Betroffene und versuchen, ein Problemgespräch zu inszenieren. Der betroffene Mann nimmt daran wenig teil, dafür umsomehr an Thesendebatten über Sexualität und Gesellschaft als solche. Ein anwesender Psychotherapeut gewinnt in der Gruppe den Status der höchsten Autorität zum Thema.

In Diskussion III geht es um den "Ötzi", also die Bedeutung des Fundes einer 5000 Jahre alten Leiche in den österreichischen Alpen. Sechs Männer, eine Frau und ein Moderator nahmen teil. Als Professorin für Archäologie und frühere Museumsarchäologin ist die anwesende Frau Osterwalder die statushöchste Person in der Gruppe. Aber erst nach eineinhalb Stunden Diskussionszeit gelingt es ihr, sich gegen expertenhaft auftretende Gerichtsmediziner und andere Laien als Expertin zu behaupten.

In Diskussion IV geht es um den Putsch in der Sowjetunion im August 1991. Sieben Männer, eine Frau und ein männlicher Moderator waren anwesend. Die Buchautorin Lois Fisher-Ruge wird hauptsächlich zu Wort gebeten, wenn aus dem russischen Alltag erzählt werden soll. Die Männer stellen in langen Beiträgen Analysen der politischen Zusammenhänge an. Dem Buchautor Wolfgang Leonhard werden die meisten Fragen gestellt und er bekommt am häufigsten Gelegenheit, sein Wissen und seine Meinung in konversationellen Vorträgen auszubreiten. Er gewinnt den Gesprächsstatus des höchsten Experten, Frau Fisher-Ruge den des niedrigsten.

Die Diskussion V dreht sich um die Freuden und Gefahren von Motarradfahren. Die Aushandlung von Expertenstatus ist in dieser Diskussion nicht relevant.

Die Diskussion VI dreht sich um das Zölibat in der katholischen Kirche. Der konservative österreichische Bischof Kurt Krenn erzeugt eine sehr asymmetrische Gesprächsstruktur, indem er u. a. viele Belehrungsmonologe hält und mit weitem Abstand die meiste Redezeit okkupiert. Krenn greift vor allem Prof. Uta Ranke-Heinemann als Expertin an. Er spricht ihr mehrmals explizit die Kompetenz ab, wie auch den anderen anwesenden Kritiker/innen des Zölibats.

Diskussion VII handelt vom "Fundamentalismus in der katholischen Kirche". Auch hier repräsentiert Bischof Krenn das Zentrum der Debatte. Sein Hauptopponent ist der Psychoanalytiker Prof. Ringel. Die zwei anwesenden Frauen, die feministische Theologin Prüller und die katholische Publizistin Plechl kommen kaum zu Wort. Krenn spricht vor allem Frau Prüller ihr Expertenwissen ab. Frau Prüller spielt in der Diskussion trotz anfänglicher starker Beteiligung später kaum noch eine Rolle.

Die Diskussion VIII setzt sich mit dem Aktionskünstler Otto Mühl auseinander, welcher 1991 wegen sexueller Experimente mit Kindern ins Gefängnis gekommen war. Der anwesende Kunstprofessor Oberhuber belehrt die Gruppe in konversationellen Vorträgen gegen die Mehrheitsmeinung über den Wert von Mühls Kunst. Er geriert sich als der Experte für Otto Mühl schlechthin.

Diskussion IX dreht sich um die Politik der rechtskonservativen österreichischen FPÖ. Die deutsche liberale Politikerin Hildegard Hamm-Brücher ist die einzige Frau unter sechs Männern. Sie wird häufig gefragt, hält lange Statements und belehrt die drei anwesenden Funktionäre der FPÖ auch eines Besseren. Ihr hoher extrinsischer Status wird in der Diskussion auch interaktiv inszeniert. Alle Anwesenden äußern Belehrungen an die Adresse ihrer jeweiligen Kontrahenten. Frau Hamm-Brücher wird als Expertin von hoher Autorität behandelt.

Diskussion X hat das Thema "Mein Arzt spricht nicht mit mir"; es geht um Probleme des Gesundheitssektors. Unter fünf Männern und einer Moderatorin sind zwei Frauen anwesend, welche als Expertinnen eingeladen worden waren, eine Linguistikprofessorin und eine Medizinjournalistin. Alle Personen agieren in dieser Diskussion als Expert/inn/en. Die Statusordnung ist vergleichsweise symmetrisch. Geschlechterstereotypisierung findet nicht statt.

Im Vergleich der Diskussionen können wir unterschiedliche Ausmaße alltäglicher Geschlechterpolitik verfolgen. Schon an den Einladungen wird dies deutlich. Frauen sind in Fernsehgesprächen nur dort manchmal in der Mehrzahl, wo es ganz klar um Dinge geht, die sie in erster Linie betreffen. Bei politischen Diskussionen sind in der Regel im Fernsehen des deutschsprachigen Raums höchstens eine oder zwei Frauen vertreten.

Einige Personen sind als Expert/inn/en zum Thema eingeladen worden und einige als Betroffene. Diese situativen Identitäten sind in vielen Fernsehdiskussionen von Bedeutung und bilden auch für die Redaktion eine wesentliche Richtschnur der Einladungen.[6] Dadurch, daß in der Regel mehr männliche Experten und weibliche Betroffene von den Redaktionen eingeladen werden, beginnt die Geschlechterpolitik schon vor dem Gespräch und setzt diesem einen Rahmen, der allerdings nicht zwangsläufig auch so aktualisiert werden muß.

Bei den sozialen Themen greifen beide Kategorien auch unmittelbar ineinander, denn es werden ja auch aus einer eigenen Betroffenheit heraus Menschen zu Autor/inn/en von Büchern oder sonstwie zu Expert/inn/en. Wie nun aber welche Kategorie in der Kommunikation zum Tragen gebracht wird, ist ein interaktionelles Geschehen.

In Gespräch I sind beispielsweise zwei psychologische Expert/inn/en anwesend. Für und mit dem Mann wird die Rolle viel stärker aktualisiert als für die Frau. Die Moderatorin spricht tendenziell die Frauen eher als Betroffene an und die Männer eher als Experten. Die erste Frau, die dort von der Moderatorin direkt angesprochen wird, soll sich persönlich dazu äußern, "wie es bei ihren Söhnen war". Die andere, Frau Rieß, die als Psychologin auch Expertin ist, wendet sich später u. a. mit psychologischen Fragen an den Autor Pilgrim. Welche Asymmetrie damit von ihr selbst bestätigt wird, muß ich wohl nicht ausführen.

Zu der Sowjetunion-Diskussion sind alle als Experten geladen, aber es gibt hoch- und niedrigrangiges Expertentum. In Gespräch IV kann man beobachten, wie die thematische Hierarchie von "Alltag" und "Politik" errichtet wird. Lois Fisher-Ruge wird zu Wort gebeten, wenn es um die Situation der normalen Leute in Moskau geht, um Alltagssorgen. Die Herren widmen sich in vielen Beiträgen der hohen Politik und adressieren auch ihre Beiträge aneinander, nicht an Frau Ruge. Während der ersten Stunde kommt sie nur dreimal kurz zu Wort. Die Länge der längsten Rugeschen Redebeiträge machen nicht einmal ein Drittel der Durchschnittslänge der Männer aus. Seelenruhig dürfen alle Männer ihre Einschätzungen ausbreiten. Ihre Themen werden von anderen aufgegriffen, Frau Ruges Themen werden abgebremst. Frau Ruge wird nach etwa einer Stunde zu Wort gebeten, um die Debatte zu entakademisieren. Sie darf ein wenig aus dem Alltag erzählen, aber just an dem Punkt, wo sie zu Analysen überleiten könnte, nimmt diese einer der Herren vor[7]. Ich gehe davon aus, daß viele Männer ein feines Gespür für ranghohe Sprechaktivitäten habitualisiert haben. Wer einfach aus dem Moskauer Alltag erzählt, nimmt einen niedrigeren Rang ein als derjenige, der politische Zusammenhänge analysiert und Prognosen aufstellt.

Bei der gesundheitspolitischen Diskussion X kommt jeder Person ein Expertenstatus zu. Selbst die Moderatorin ist auch als Ärztin tätig und bietet ihr Wissen dar. Die Frauen treten nur als Expertinnen auf und werden darin auch nicht behindert. Die Männer monologisieren wenig und befleißigen sich eines dialogischen Stils der Ausrichtung an anderen Beiträgen. In Gespräch X entsteht eine symmetrischere Rangordnung als in den anderen Gesprächen. Geschlechtliche Typisierungen wurden unterlaufen. Beide Frauen erwerben von ihren ausgedehnten Redezeiten her betrachtet einen hohen Situationsstatus.

Diskussion IX stellt einen Sonderfall dar. Frau Hamm-Brücher hat als ehemalige Ministerin mit Abstand den höchsten Status in der Gruppe. Sie spielt in der Diskussion eine wichtige Rolle. In meinem Korpus sind es diese und die Diskussion X, die nicht geschlechtstypisiert ablaufen.

In den meisten Gesprächen wird für die Männer der Expertenstatus sehr viel stärker relevant gemacht, sowohl als Autoren, wie auch als Psychologen, Gesundheitsexperten, Anthropologen. Dies liegt aber nicht in jedem Fall an ihnen selbst, sondern auch am Verhalten der anderen Teilnehmer/innen.

Die Einladungspolitik der Sender trägt wesentlich dazu bei, daß eine Überdetermination des Faktors Geschlecht stattfindet, denn durch die Tatsache, daß zu allen politischen und wissenschaftlichen Themen immer mehr Männer eingeladen sind, werden diese Themenbereiche noch einmal indirekt als männliche definiert. Innerhalb der Diskussion findet häufig konversationelle Geschlechterpolitik dergestalt statt, daß für die Männer im Bezug auf Wissensdarlegungen Überlegenheit produziert wird. Die Sender legen es außerdem darauf an, daß Konfrontationen stattfinden. Die gemeinsame Entwicklung von Positionen gilt als langweilig.[8] Ich habe den Eindruck gewonnen, daß die anwesenden Frauen in den weniger konfrontativen und kompetitiven Phasen besser zu Wort kommen. Aber nicht immer trägt "gender" als zentrale Identitätskategorie den Sieg davon. Bei Frau Hamm-Brücher z. B. war ihre politische Erfahrung und Kompetenz so zentral, daß Geschlechtsnormen nicht mehr durchschlugen.

Anmerkungen

[1] Eine ausführliche Version mit Beispieldiskussionen erscheint unter dem Titel "The Interactional Achievement of Expert Status. Creating Asymmetries by 'Teaching Conversational Lectures' in TV-Discussions" in einem in Vorbereitung befindlichen Band, hrsg. von Helga Kotthoff und Ruth Wodak unter dem Titel "Communicating Gender".

[2] Diskussionen des Club II sind in der Gesprächsforschung schon verschiedentlich analysiert worden, z. B. bei Wodak (1983), Frei-Bohrer (1991) und Gruber (1993). Diese Reihe wurde soeben eingestellt.

[3] Siehe dazu Garfinkel 1967, Kessler/McKenna 1978, West/Zimmerman 1987, 1989.

[4] Siehe zu Goffmans Ritualbegriff Goffman dt. 1994 und Kotthoff 1994.

[5] Zur Frage der Aushandlung von Expertenstatus und der Herstellung eines Machtgefälles zu Ungunsten der Frauen siehe auch Kotthoff 1992 und 1993a.

[6] Ich habe in der Redaktion des Club II hospitiert und dort einen Eindruck gewonnen, nach welchen Kriterien Einladungen verlaufen. Auch Frei-Bohrer (1991) referiert die Beobachtung, daß unter den "persönlich Betroffenen" bei Fernsehgesprächen überdurchschnittlich viele Frauen sind.

[7] Der Redebeitrag ist in Kotthoff 1993a analysiert.

[8] Dies wurde mir verschiedentlich in Fernsehredaktionen mitgeteilt. Bei den neuen Diskussionstypen vom Schlage des "heißen Stuhls" (RTL) ist diese Orientierung strukturell unausweichlich.

Literatur

Bourdieu, P.: Was heißt Sprechen? Die Ökonomie des sprachlichen Tausches. Wien 1982 (dtsch. 1990)

Bourdieu, P.: La domination masculine. Actes de la recherche en science sociales 84 (masculin/feminin 2), S. 2–31, 1990

Frei-Bohrer, U.: Das Clubgespräch im Fernsehen. Bern-Frankfurt/M.-New York-Paris 1991

Gardener, C.: Passing By: Street remarks, address rights, and the urban female. Sociological Inquiry 50, S. 328–356, 1981

Garfinkel, H.: Studies in Ethnomethodology. Englewood Cliffs 1967

Goffman, E.: The Arrangement between the Sexes. Theory and Society 4, S. 301–331, 1977 (Dtsch.in: Goffman, E.: Interaktion und Geschlecht. Hrsg. Knoblauch, H., Frankfurt/M. 1994)

Goffman, E.: Geschlecht und Werbung. Frankfurt/M. 1981

Gruber, H.: "Wir san Skinheads, wir kennen kane Vereinbarungen." Subkulturelle Normenunterschiede und Konfliktaustragungen. Linguistische Berichte 146, S. 283–311, 1993

Günthner, S.: Die interaktive Konstruktion von Geschlechterrollen, kulturellen Identitäten und institutioneller Dominanz. In: Die Geschlechter im Gespräch. Kommunikation in Institutionen (Hrsg. Günthner, S., Kotthoff, H.), S. 91–126. Stuttgart 1992

Günthner, S., Kotthoff, H. (Hrsg.): Von fremden Stimmen. Sprachverhalten von Frauen und Männern im Kulturvergleich. Frankfurt/M. 1991

Günthner, S., Kotthoff, H. (Hrs.): Die Geschlechter im Gespräch. Kommunikation in Institutionen. Stuttgart 1992

Hirschauer, S.: Die soziale Fortpflanzung der Zweigeschlechtlichkeit. Kölner Zeitschrift für Soziologie und Sozialpsychologie 4, S. 668–693, 1994

Holmes, J.: Women's Talk in Public Contexts. Discourse & Society 1, S. 131–150, 1992

James, D., Clarke, S.: Women, Men, and Interruptions: A Critical Review. In: Gender and Conversational Interaction (Hrsg. Tannen, D.), 231–281, 1993

Keppler, A.: Schritt für Schritt. Das Verfahren alltäglicher Belehrungen. Soziale Welt 4, S. 538–556, 1989

Keppler, A., Luckmann, T.: 'Teaching': Conversational Transmission of Knowledge. In: Dynamics of Dialogue (Hrsg. Markova, I., Foppa, K.), S. 143–166, 1991

Kessler, S., McKenna, W.: Gender. An Ethnomethodological Approach. Chicago-London 1978

Kotthoff, H.: Die konversationelle Konstruktion von Ungleichheit in Fernsehgesprächen. In: Die Geschlechter im Gespräch. Kommunikation in Institutionen (Hrsg. Günthner, S., Kotthoff, H.), S. 251–287. Stuttgart 1992

Kotthoff, H.: Kommunikative Stile, Asymmetrie und "doing gender". Fallstudien zur Inszenierung von Expert(inn)entum in Gesprächen. Feministische Studien 2, S. 79–96, 1993a

Kotthoff, H.: Unterbrechungen, Überlappungen und andere Interventionen. Vorschläge zur Kategorienunterscheidung und kontextorientierten Interpretation. Deutsche Sprache, Heft 2, S. 162–185, 1993b

Kotthoff, H.: Geschlecht als Interaktionsritual? Ein Nachwort. In: Interaktion und Geschlecht (Hrsg. Knoblauch, H.), Frankfurt/M. 1994

Sacks, H.: An analysis of a joke in the course of its telling. In: Explorations in the ethnography of speaking (Hrsg. Bauman, R., Sherzer, J.), S. 249–269. London-New York 1974

Schütz, A., Luckmann, T.: Strukturen der Lebenswelt. Frankfurt/M. 1979

West, C.: Against our will: male interruptions of females in cross-sex conversation. Annals of the New York Acadamy of Science 327, S. 81–97, 1979

West, C., Zimmerman, D.: Small insults: a study of interruptions in cross-sex conversations between unascquainted persons. In: Language, gender and society (Hrsg. Thorne, B., Kramarae, Ch., Henley, N.), Rowley 1983

West, C., Zimmerman, D.: Conversation Analysis. In: Handbook of Methods in Nonverbal Behaviour Research (Hrsg. Scherer, K. R., Ekman, P.), Cambridge 1987

West, C., Zimmerman, D.: Doing Gender. Gender & Society 1, 2, S. 125–151, 1989

Wodak, R. (Hrsg.): "Hier darf jeder alles!" Diskursanalytische Untersuchungen zum Diskussionsstil im österreichischen Fernsehen. Wiener linguistische Gazette 31/32, 1983

Zimmerman, D., West, C.: Sex roles, interruptions, and silences in conversation. In: Language and sex: Difference and dominance (Hrsg. Thorne, B., Henley, N.), Rowley 1975

VERENA RAUSCHNABEL

Die Stimme im polaren Spannungsfeld von Yin und Yang

1. Polarität und Ganzheit im Tai-Chi

Yin und Yang: Das sind die beiden gegensätzlichen aber zusammengehörenden Bestandteile des Tai-Chi-Zeichens. Nach der Auffassung des Taoismus sind sie die beiden Urkräfte der Weltordnung, in ihnen symbolisieren sich die Gegensätze dieser Welt.

Im Yin zeigt sich das weibliche Prinzip, das Dunkle, Durchlässige, Ernährende, Empfangende, Absichtslose. Im chinesischen Orakelbuch *I-Ging* wird es als geteilte Linie — — dargestellt, während die männliche Yang-Linie —— geschlossen ist. Das Yang-Prinzip ist der Begriff für das Helle, Schöpferische, Aktive, Willensbetonte. Sein Zeichen ist der "in der Sonne wehende Banner" (Frankenberg 1984, 675). "Die beiden Symbole drücken die Idee der Polarität als dem fundamentalen Wesen der Welt aus." Jedoch entstehen "bei dem Versuch, das maskuline und feminine Prinzip zu verstehen, ... immer wieder Schwierigkeiten, weil ihr Gehalt hinter der Vielzahl der Symbole, mit denen sie assoziiert werden, verborgen ist. Es ist notwendig, ihre fundamentalen Eigenschaften von den Wertungen zu trennen, die ihnen beigemessen werden" (Colegrave 1984,79f). In einem chinesischen Text heißt es: "Über dem Eis, da ist Yang, das männliche Prinzip, unter dem Eis, da ist Yin, das weibliche Prinzip. Schmilzt das Eis, wird es eine Hochzeit geben" (Frankenberg 1984, 677). In dieser Ausdrucksweise finden wir die typisch symbolhafte Sprache, das Ineinandergreifen beider Kräfte, und das Prinzip der Wandlung wird uns deutlich. Im alten China war diese Denkweise Grundlage für Wissenschaften und Künste. In den jeweiligen Proportionen zwischen den Yin- und Yang-Kräften innerhalb eines Phänomens zeigte sich seine Struktur und das dynamische Wesen von Vorgängen.

Im Gegensatz zum abendländisch-kartesianischen, kausalen Denkprinzip des "Entweder-Oder", in dem fixierte Begriffe und normative Wertungen vorherrschen, kommt es dem östlichen, von C. G. Jung als *synchronistisches Prinzip* bezeichneten Denken (Jung und Wilhelm 1971, XIV), auf eine Beobachtung von Entwicklungsprozessen an. Erst die innige Zusammengehörigkeit und ein dynamisches Ineinander-Verwobensein der polaren Kräfte ermöglichen ein "Sowohl-Als-Auch" und lassen damit eine Ganzheit entstehen. Es ist eher ein vergleichendes, assoziatives Prinzip von Entsprechungen und Verhältnissen zwischen den Kräften. Im *I-Ging,* dem Buch der Wandlungen, werden acht Grundbegriffe bzw. Zustände mit jeweils drei Linien, männlichen oder weiblichen

Symbolen, ausgedrückt; z. B. ☰☰ Kien, das Schöpferische oder ☷☷ Kun, das Empfangende. Die Kombination dieser Grundzeichen ergibt 64 Hexagramme als bildhafte Symbole für Wandlungszustände wie z. B.

☱☱ Kraft   ☷☰ Friede   ☳☶ Durchbruch

Unter bestimmten Bedingungen können sich einige Linien wandeln. Dann symbolisieren sie das Gegenprinzip, lassen ein neues Zeichen entstehen und zeigen damit die Richtung der Veränderung an.

Sukie Colegrave (1984, 82) hat den Versuch unternommen, die beiden Prinzipien und einige ihrer Entsprechungen in einer Tabelle zusammenzustellen:

Yin	*Yang*	*Yin*	*Yang*
Beziehung	Individualisierung	Ernährendes	Befruchtendes
Raum	Zeit	Einheit	Polarität
Gemeinschaft	Hierarchie/Ordnung	Akausalität	Kausalität
Nicht-Urteilen	Urteilen	Spontaneität	Planung
Absichtslosigkeit	Absicht	Ganzheit	Differenzierung

Colegrave (1984, 140 f) verdeutlicht auch, wie das symbolische, ganzheitliche Denken des Tai-Chi die physiologische Beschreibung des Menschen und die Medizin bestimmt. "Die Aufgabe des Arztes sei es, die Harmonie von Himmel und Erde zu verstehen und in allen Dingen zum Ausdruck zu bringen, um sicherzustellen, daß die Muster des menschlichen Lebens den Mustern in der Natur entsprechen." In diesem Zusammenhang zitiert sie einen Klassiker der chinesischen Medizin: "Als Mann gehört der Mensch zu Yang; als Frau gehört der Mensch zu Yin. Da aber sowohl der Mann als auch die Frau Produkte der beiden primären Elemente sind, sind beide Eigenschaften in beiden Geschlechtern enthalten". Die drei Bereiche des menschlichen Körpers (Unten, Mitte, Oben) können nach Colegrave jeder für sich sowohl Yin als auch Yang ausdrücken. Die Oberfläche ist Yang, das Innere Yin, der Puls sowohl Yin als auch Yang. Die Körperorgane als passive Speicher- oder aktive Ausscheidungs-Organe können ebenfalls dem Yin- oder Yang-Prinzip zugeordnet werden. Gesundheit wird demnach ermöglicht durch Harmonie zwischen den beiden Urprinzipien, während aber Disharmonie oder das Überwiegen eines Elementes Krankheit oder Tod bringen.

2. Archetypen – Animus und Anima

Ähnlich wie unseren Körperorganen eine spezifische Charakteristik zueigen ist und wie sie dennoch in Funktionszusammenhängen untrennbar miteinander verbunden sind, können auch die Tiefenschichten und Funktionen der Seele differenziert werden. Der Mensch hat unendliche Empfindungs-, Denk- und

Handlungsmöglichkeiten. Es wäre daher zu einfach, wenn wir der Frau nur weibliche, dem Mann dagegen nur männliche Eigenschaften zubilligten. Jeder von uns wird Menschen kennen, in denen gegengeschlechtliche Wesenszüge deutlich erkennbar bleiben, sich aber mit den gleichgeschlechtlichen zu unverwechselbaren Charakterzügen der Persönlichkeit mischen.

C. G. Jung fühlt sich dem assoziativen Prinzip des Yin/Yang sehr verbunden. So spiegelt es sich denn auch in seiner Animus-Anima-Theorie wider. Jung hat im Laufe seiner tiefenpsychologischen Arbeit erkannt, daß im Unterbewußten eines jeden Menschen eine Vielzahl "urtümlicher Bilder oder Archetypen" ruhen, Vergessenes, Verdrängtes, unterschwellig Wahrgenommenes, Gedachtes und Gefühltes aus der eigenen Existenz – aber auch ererbte Möglichkeiten der Psyche. "Das sind die mythologischen Zusammenhänge, die Motive und Bilder, die jederzeit und überall ohne historische Tradition und Migration neu entstehen können" (E. Jung 1988, 9). Typische Bilder aus diesen Zusammenhängen sind die Gestalten etwa des Helden, des Ungeheuers, des Zauberers, der Hexe, des Vaters, der Mutter etc. ... Zwei dieser Figuren bilden sozusagen ein Bindeglied zwischen der individuellen Persönlichkeit und dem sog. "Kollektiven Unbewußten" wie auch allgemein zwischen dem Bewußten und Unbewußten eines Menschen. Dieses sind *Anima* (die in einem Mann enthaltene Repräsentation des Weiblichen) und *Animus* (das spezifische Bild des Männlichen in der Frau). Beide stellen "gewissermaßen eine innere Persönlichkeit dar" (E. Jung, 1988, 10). Animus – das ist männliches Wesen; es findet sich in Begriffen wie Wort, Tat, Kraft, Logos, geistige Führung, Bewußtheit, Formkaft, Urteilsfähigkeit. Diese Werte heben den Menschen über die Natur hinaus. Mutter Natur, Ernährung, Passivität, das Empfangende, Gefühl, Sinnlichkeit, Instinkthaftigkeit, das Fließende und Inhomogene sind die typischen Attribute des weiblichen Prinzips (vgl. C. G. Jung 1984, 195f).

Animus und Anima können in unterschiedlichster Gestalt auftreten. Sie leben in uns als Bilder, wie wir sie aus Träumen, Märchen und Mythen, literarischen und musikalischen Gestalten oder Gemälden kennen. Wir haben sie – häufig unbewußt – in unsere Seelenlandschaft integriert, und unser Leben orientiert sich – ebenfalls unbewußt – an ihnen. So können z. B. bestimmte Anima-Inhalte bei Männern zur Ablehnung des Weiblichen führen, was sich dann in negativ besetzten Begriffen wie "weibisch" äußern kann. Sensibiltät und Emotionalität werden mit weich und in diesem Falle weichlich gleichgesetzt, was ein Mann natürlich nicht sein darf. Das Weibliche wird hier in die Frau delegiert, der Mann definiert sich nur noch über Willen, Macht, Härte, Sieg etc. ...

Nach C. G. Jung kann die vermiedene Integration des gegengeschlechtlichen Seelenanteils, die Verdrängung und Unbewußtheit zu Störungen der menschlichen Entwicklung führen. Mit anderen Worten: der Mensch kommt gar nicht bis zum Ausdruck seines eigenen, charakteristischen Wesens, wenn er sich an Vorurteilen über Idealbilder und Tabus orientiert.

3. Die Stimme

3.1. Ausdrucksvarianten

Die Stimme ist neben Mimik und Gestik der wichtigste Ausdrucksträger des Menschen. Physiologisch wie auch psychologisch betrachtet nimmt die Stimme eine Vermittlerposition zwischen Innen und Außen ein. Mit ihrer Hilfe findet der größte Teil der menschlichen Kommunikation statt. Über sie vermittelt sich in sprachlichen Formen das Denken, begleitet von bewußten aber auch von unbewußten Gefühlsäußerungen, die sich im Klangspektrum niederschlagen. Wir können z. B. kalt, knapp, informierend sprechen, sind aber ebenso in der Lage, unser Mitgefühl warmherzig zu äußern. Freude und Traurigkeit, Ängstlichkeit und Mut hören wir in verschiedenen Klangfarben, Lautstärken und Sprechtempi. Wir können hören, ob ein Mensch kraftlos, depressiv oder kraftvoll selbstbewußt spricht.

Informationen und Bedeutung des geäußerten Gedankens werden in Wortwahl, Syntax und allen Varianten der Form deutlich: im Aufbau der Rede oder des Gedichts wie auch in langen, kurzen, unfertigen oder vollkommenen Sätzen. Dieser Bereich könnte nach den vorangegangenen Ausführungen dem Yang-Prinzip, den männlichen Lebenskräften zugeordnet werden. Das weite Feld der Emotion, der Affekte, gehört jedoch zu Yin, dem weiblichen Prinzip, und äußert sich gleichzeitig in mehreren – musikalischen – Parametern. Eine Aussage findet immer auf diesen beiden Kanälen statt, sachliche Information einerseits und Gefühlsinhalte andererseits. Vom Hörer (Kommunikationspartner!) wird instinktiv auch beides wahrgenommen, ausgewertet und entsprechend beantwortet.

Von besonderer Wichtigkeit erscheint mir die Tatsache, daß die Bewertung der objektiv meßbaren Erscheinungen durchaus subjektiv wechseln kann. Diese sind z. T. der Gewohnheit und Mode unterworfen. Zum andern wird die Wahrnehmung aber wesentlich vom Kontext der übrigen Parameter mitbestimmt. Einige Beispiele aus dem Gesangsbereich mögen die Zusammenhänge verdeutlichen. Z. B. könnte man annehmen, daß helle, hohe Stimmen als besonders weiblich, fragil und lieblich erscheinen und so einen Beschützerinstinkt heraufbeschwören. Was aber macht den Schmelz eines strahlenden Tenors aus, eines Gigli oder Domingo? Vermitteln sie uns doch den Inbegriff des aktiven, potenten Mannes voller Durchsetzungskraft und Tatendrang! Und wie wirken die berühmten höchsten Staccati der Königin der Nacht in Mozarts "Zauberflöte"? Sie sind aggressiv, spitz, herausfordernd und bebend vor Wut. Wir erleben in ihnen einen hohen Yang-Anteil bei einer Frau, während ein Tamino-Tenor die Arie "Dies Bildnis ist bezaubernd schön" in weichem, lyrischem Schmelz singt. Dieser wiederum würde ohne eine starke Yin-Substanz nur lächerlich vor lauter Bemühung wirken. Das heißt, Form und Inhalt haben einen Symbolwert, hier in der "Zauberflöte" sogar mit deutlich archetypischen Zügen, der von den Sängern erkannt und angenommen werden muß. Um zu überzeugen, müssen die Künstler sich auch auf das Spannungsniveau des jeweiligen Stückes einlassen, es in sich erzeugen.

Und dunkle, tiefe Stimmen? Bleiben wir in der "Zauberflöte" und hören den Sarastro: Würde, Ernst, Sonorität – alles Yang-Werte. Wäre das männliche Prinzip aber übertrieben und ohne weichen Yin-Bestandteil präsentiert, erschiene der Priester plötzlich ebenfalls kämpferisch, fordernd und würde so der Königin der Nacht zu ähnlich. Damit wäre der dramatische Zusammenhang jedoch nicht mehr stimmig, die Rollen unglaubwürdig. Ein weiteres Beispiel – aus einem anderen Genre: Die wunderbaren Lieder einer Mercedes Sosa sind politisch engagiert, geradezu rebellisch. Da kann man oft nicht erkennen, ob ein Mann oder eine Frau singt: agressiv hart, fast militant, extreme Yang-Kraft ausstrahlend – im nächsten Augenblick aber sanft, erotisch, beruhigend. Da sitzt sie wie eine Urmutter – zwei Archetypen in einer Person innig verbunden!

Wie sehr Mode und Hörgewohnheiten sich Ideale erschaffen, sei nochmals im Chanson-Gesang beobachtet. Eine Zarah Leander mit der besonders tiefen, oft männlichen Stimme war lange Zeit ein Idol. Also schon in den 40er Jahren war die "starke Frau" gefragt ("Nur nicht aus Liebe weinen"!), während ein Richard Tauber oder die Commedian Harmonists mit ihren Falsettstimmen die Gefühle weich werden ließen. Diese Tendenz läßt sich bis in die heutigen Travestie-Shows hinein beobachten, in denen zum Teil hervorragende Künstler die Grenzen zwischen Männlichkeit und Weiblichkeit in Frage stellen oder sogar ganz aufheben. Hier verwirklicht sich zuweilen das Ideal einer Androgynie, der lebensvollen Mischung aus polaren Yin- und Yang-Kräften. Gisela Rohmert untersucht die interessanten Zusammenhänge zwischen Animus-Anima-Theorie und Stimme und kommt dabei zu dem Schluß: "Die menschliche Stimme ist das biologische Areal, in dem sich unsere zutiefst androgyne Veranlagung zeigt: männlicher und weiblicher Charakter zugleich" (Rohmert 1992, 145).

3.2. Ausdrucksparameter und Register

Die Zuordnung der stimmlich-akustischen Phänomene zu den polaren Kräften von Yin und Yang scheint auf den ersten Blick relativ offensichtlich und einfach zu sein. Also etwa *Yang:* Sprache, Artikulation, Konsonanten, Ausdruck, Lautstärke. *Yin:* Stimme, Klang, Vokale, Resonanz, Konzentration. Gehen wir aber weiter in die Materie hinein, entdecken wir plötzlich neue Differenzierungen. So besteht bereits eine Spannung zwischen Sprache und Sprechen. Die Sprache, eine Struktur im Sinne des Yang-Prinzips, kann dies aber auch verlassen und bekommt die Bedeutung einer fundamentalen Yin-Quelle, während der Sprechvollzug das nach vorn gerichtete, fortschreitend männliche Prinzip betont. Oder etwa der Klang, das typische Yin-Element: die Resonanz entsteht in der sich weit öffnenden singenden oder sprechenden Person. Aber wir kennen den harten durchdringenden Klang des Schreis, der mit unglaublicher Schärfe, Geschwindigkeit, Lautheit nach außen schnellt. Dagegen wiegen wir uns in dem dunklen, singenden, introvertierten Klang eines Schlafliedes.

Im Klangbereich unterscheiden wir z. B. die Parameter Lautstärke (Yang) und Klangfarbe (Yin). Innerhalb der Lautstärke jedoch können wir ein ganzes Spektrum von Schattierungen erleben, wobei lediglich die Extreme, pianissimo und fortissimo, deutlicher auf das Yin- bzw. Yang-Prinzip hinweisen. Wenn wir jedoch die stimmtechnischen Bedingungen für ein "gut gestütztes" Piano kennen, wissen wir, daß dazu eine hohe Spannkraft (Yang) in Atem, Artikulation und Resonanzräumen nötig ist. Umgekehrt kennt jeder Sprecher oder Sänger die scheinbar paradoxe Funktionsregel: Je lauter und je weiter hinaus eine Stimme klingen soll (Yang), desto tiefer muß sie im Körper verankert sein (Yin).

Lautstärke wird erst im Wechsel von laut und leise wahrnehmbar. Die Lautstärkenbereiche werden stark subjektiv erlebt und bewertet. Ein Forte erhält erst seinen eigentlichen Ausdruckssinn im *Verhältnis* zum Piano, zu dem der singende oder sprechende Mensch fähig ist. Andererseits spielt auch das akustische Umfeld eine wesentliche Rolle.

Mit den Bezeichnungen hell und dunkel wird ebenfalls das Verhältnis des Einzelwertes zum gesamten Klangspektrum der Stimme ausgedrückt. Eine helle Klangfarbe wird erst interessant in der Durchmischung mit dem Dunklen. Isolierte und dauernd ähnlich benutzte Klangfarben wirken penetrant, künstlich, vielleicht sogar naiv oder depressiv. Klangfarben sagen viel über das Seelenleben des Sprechers/Sängers aus. Sie bringen die Tiefen-Schärfe in Wort und Ton.

Die mehr Yang-betonte Bruststimme und die Kopfstimme mit dem Yin-Charakter sind Ausdruckswerte jeder ausgereiften Stimme. Keines der Register kann für sich allein bestehen. Immer ist die Randschwingung (Kopfstimme) ein Bestandteil der Vollschwingung, wenn die Stimme tragfähig und gesund bleiben soll. Das Mischungsverhältnis von Masse und Spannung (Yin/Yang) muß ständig flexibel auf die seelische Ausdrucksmodulation reagieren können: Jede Klangfarbenänderung, jeder noch so kleine Tonschritt, Intonationsveränderung und Lautstärkendynamik wirken auf die Registermischung ein. Geschieht das nicht, entstehen Brüche, die sich besonders im Alter oder bei Krankheiten manifestieren können. Das Gedehntwerden der Stimmfalten, das aktive Zugreifen des Vocalismuskels und die dauernde Balancierung von subglottischem Druck und Luftverbrauch bestimmen hier das Geschehen. Nur in einem elastischen Spiel aller beteiligten Faktoren sind die Register ausgewogen, wobei dann eine gesunde Randschwingung in jeder Phonationsleistung erhalten bleibt. Dabei verändert sich nicht selten sogar die Bedeutung innerhalb der Polarität: z. B. Muskelmasse wird als Yang, die Spannung dagegen als Yin erlebt. Erst dann verfügt die Stimme über Modulationsfähigkeit in allen Ausdrucksdimensionen: in Klangfarbe, Dynamik, Geläufigkeit und Tonhöhenspiel.

3.3. Physiologische Aspekte der Stimm- und Atemfunktionen

Werfen wir einen kurzen Blick auf die physiologischen Funktionen des Atem-
und Stimmorgans. Vom Diaphragma über Lunge und Luftröhre bis hin zu
den Rachen- und Nasenräumen baut sich eine sehr große Räumlichkeit auf
(Yin). Die Tonerzeugung selbst findet an der vergleichsweise sehr kleinen
Stimmritze (Glottis) statt, die, eingebettet in die Kehlkopfknorpel und -mus-
keln, sich dem Atem gegenüber wie ein Ventil öffnet und verschließt. Von der
Öffnung dieser kleinen Spalte hängt es ab, ob die Luft frei durch die Trachea
einströmen kann oder nicht. Die Stimmuskulatur muß also jegliche Aktivität
aufgeben, loslassen (Yin), damit nun auf die Initiative des Zwerchfells hin
(Kontraktion/Yang, aber auch Senkung/Yin) die völlig passive Lunge sich deh-
nen und zum Druckausgleich mit Luft füllen lassen kann. Bei der Ausatmung
löst hingegen das Diaphragma seine Spannung. Gleichzeitig aber wird die Lunge aufgrund ihrer Retraktionskräfte elastisch zusammengezogen, während die
Stimmlippen sich einander nähern. Zur Phonation schließt sich die Stimmritze
mit einer besonders aktiven Zusammenziehung des Vocalismuskels gegen den
ausströmenden Luftstrom ab. Hierdurch kann die Stimmschwingung entstehen,
die per definitionem aus dem aerodynamisch an- und abschwellenden Luft-
druck resultiert. Am Ende der Ausatmung bzw. in der Phonationspause löst sich
die aufgebaute Spannung in allen Muskeln, die in diesem Vorgang eingesetzt
wurden, gemäß dem entsprechenden Sinnzusammenhang. Über die folgende
Einatmung regenerieren diese sich wieder. D. h., sie können nun in ganz neue
Spannungsqualitäten versetzt werden (Zur Lockerheitsphase vgl. Rauschnabel
1978).

Zwar sind diese Funktionszusammenhänge wohl als bekannt vorauszuset-
zen. Aus dem Blickwinkel unseres Themas erhalten sie jedoch eine zusätzliche
Dimension und Bewertung. Wir können beobachten, daß sich innerhalb eines
Muskels Zusammenziehung, Dehnung und Lösen unaufhörlich abwechseln.
Dies erforschte und erkannte Clara Schlaffhorst am Beispiel der Zwerchfell-
funktion innerhalb des Atemrhythmus. Nach ihrer Erfahrung ließ sich dieses
am Atem orientierte Modell (Zusammenziehung – Streckung – Lockerheit) auf
jegliche Muskulatur übertragen und wird deshalb in der Methode Schlaffhorst-
Andersen "dreiteiliger Bewegungsrhythmus" oder kurz "Rhythmische Bewegung" genannt (Schlaffhorst/Andersen 1928, 18, 37, 63ff).

Die Atemfunktion als Ganzes wird in der chinesischen Heilkunst dem Yang
zugeordnet. Sicher ist aber die Einatmung vom Yin-Element geprägt: Raum
schaffen, Aufnehmen. In der Ausatmung hingegen liegt das Moment des Ab-
gebens, der Befreiung, manchmal sogar des Erschlaffens. Andererseits wieder
ist die Einatemfunktion unwillkürlich, frei und geschieht fast unbewußt ("Es at-
met"), während die Ausatmung aktiv geformt und gestaltet werden will.

Bemerkenswerterweise befinden sich nach Schlaffhorst und Andersen

(1928) während der Aus- oder Einatmung Lunge und Zwerchfell gleichzeitig in einander entgegengesetzten Spannungs-, d. h. Ausdruckswerten.

	Einatmung	Ausatmung	Pause
Zwerchfell	Zusammenziehung	Dehnung bzw. Streckung	Lockerheit
Lunge	Dehnung	Zusammenziehung	Lockerheit
Stimme	Dehnung	Zusammenziehung	Lockerheit

In der Ausatmung (zentrifugal, hinausstrebend) wird ein Gedanke erst hörbar, wenn ihr ein Widerstand von Artikulation oder Stimme entgegengesetzt wird (zentripetal). Beide paradoxen Kräfte zusammen formen den Luftstrom zum Sprachlaut.

Bei der Vokalbildung beobachten wir in der Artikulations- wie Atemmuskulatur das gleiche dreiteilige Bewegungsmuster wie im Atemrhythmus. Desgleichen finden sich Entsprechungen in den unterschiedlichen Sinnes- bzw. Ausdrucksbereichen:

	Zusammenziehung	Streckung	Lockerheit
Lippen / Lunge	i	u	a
Zunge / Zwerchfell	u	i	a
Kiefer / Stimme	i	a	u
Dynamik	piano	forte	mezzoforte
Raum	innen	außen	Mitte
Tempo	langsam	schnell	gemäßigt
Empfindung	Unlust	Lust	Behagen

Allerdings unterscheiden wir die rein passive Dehnung von einer ebenfalls nach außen gerichteten Streckung. In der letzteren verbindet sich bereits die Länge des Muskels mit einer gewissen Kürze bzw. Spannkraft. Das bedeutet, daß trotz der Ausbreitung eine Aktivbetonung stattfinden kann. Diese wird entweder durch eine weiche Dehnung von Grob- und Feinmuskulatur oder mit einer markanten Streckung begleitet. Didaktisch läßt sich daraus folgern, daß eine Akzentuierung mit der körperlich-seelischen Betonung der Muskelfunktion "Streckung" unterstrichen werden kann. In der Schule Schlaffhorst-Andersen wird dieses Moment aktiver Dehnung *Abspannung* genannt. Die Ausatmungsbewegung des Zwerchfells ist ihr Prototyp: es steigt zwar nach oben, indem es seine Spannung losläßt, trotzdem bleibt aber ein gewisses Spannungspotential erhalten. Auch die Lungenkontraktion reagiert in diesem Spannungssystem mit. Trotz der Ausatmungstendenz bleiben so noch viele Einatmungs- (d. h. Zusammenziehungs-)Kräfte bewahrt. Insofern liegt auch in dem Begriff bzw. in der Funktion des Abspannens eine Symbolik für das gleichzeitige Wirken zweier polarer Kräfte.

Wir sehen also, daß die physiologischen Stimm- und Atemfunktionen ein

System bilden, in welchem sich Aktivität und Passivität nicht nur in der Spannungsdynamik des einzelnen Muskels abwechseln sondern auch mit dem Antagonisten bzw. Gegenspieler (z. B. Diaphragma/Lunge oder Diaphragma/ Glottis) in ein *Spannungsspiel* treten. Das bedeutet, daß im (Atem-Stimm-) System ebenso wie in anderen muskulären Funktionskreisen Aktivität und Passivität *gleichzeitig* vorhanden sind.

Die volle Funktionsfähigkeit und Leistungssteigerung entsteht jedoch erst dann, wenn sich die Muskulatur innerhalb der Arbeitsprozesse immer wieder regeneriert. Eine freie, gezielte Aktivität der Zwerchfell- oder der Vocalismuskulatur ist von einer gleichzeitigen Beteiligung sowohl des zentralen (Yang) wie des vegetativen Nervensystems (Yin) abhängig. Das letztere kann allerdings seine volle Wirksamkeit erst entfalten, wenn die willkürliche Steuerung von Funktionen oder Ausdrucksabsichten zurücktritt (Durchlässigkeit). Eine tatsächlich aktive Zusammenziehung der jeweiligen Muskulatur als Beantwortung der Innervation kommt erst nach einem Lösen des vorherigen Spannungsgrades zustande. So entsteht z. B. an den Stimmlippen keine Hyper- oder Hypofunktion, wenn der "richtige", d. h. adäquate Glottiswiderstand (Yang) herrscht. Dieser jedoch baut sich in einem Spannungsspiel zwischen allen beteiligten Muskeln erst dann auf, wenn Energieeinsatz, Spannungsverläufe, Sinnzusammenhang und kommunikative Situation ständig aufeinander bezogen sind. Wirken die polaren Kräfte so aufeinander ein, ereignet sich innerhalb des Systems, im Sinne eines sozusagen "dynamischen" Eutonus, eine fortwährende *Relativierung* und selbständige Spannungsregulierung.

In der Stimmbildung und Sprecherziehung bieten diese Erkenntnisse u. U. eine wertvolle didaktische Unterstützung. Allein schon die rhythmische Abfolge betonter und unbetonter (männlicher und weiblicher) Silben zwingt Sprecher und Sänger ständig zu einem flexiblen Umgang mit Spannung und Lösung. Um die physiologischen Bedingungen des Atem/Stimmorgans bei der Phonation zu erhalten und dabei optimal ausdrucksfähig zu sein, ist es sinnvoll, sich in das Netz der sich selbst regulierenden polaren Kräfte einzuklinken. Dazu genügt es oft schon, die Zwerchfell- oder Lungenbewegung mit einer Empfindung für den adäquaten Ausdruckswert der jeweils sinnunterstreichenden Vokal-, Konsonanten- oder Atemfunktion zu begleiten oder (symbolische) Entsprechungen zu finden. Es kann auch vorübergehend eine unterstützende Bewegung, die von diesem Ausdruck getragen ist, mit eingesetzt werden. Die Funktionsverstärkung kommt durch das ganzheitliche Erlebnis einer aktiven Zusammenziehung, einer gleichsam passiven Ausdehnung oder der aktiven Streckung zustande. Da die Urerlebnisse von Bewegungsmustern wie z. B. schaukeln, hüpfen, einengen, ausdehnen usw. tief in der Persönlichkeit verankert sind, können wir somit den gesamten Gefühlsfundus wachrufen. Evtl. steigen aus der Phantasie sogar archetypische Bilder auf. So kann z. B. eine willkürlich aktive Muskeltätigkeit (Yang) mit der seelischen Bereitschaft für die innere Sprache der Empfindung und Symbolik (Yin) eventuelle Überspannungen ausgleichen und zur selben Zeit die Intensität erheblich steigern. All diese persönlichen Erlebniswerte sind die Quelle von Kreativität und Ausdruckskraft.

4. Zusammenfassende Gedanken

Wenn das Wirken polarer Kräfte innerhalb einer Ganzheit angestrebt wird, kann es sich nicht um eine Nivellierung von Gegensätzen handeln, sondern vielmehr um ihre Aktivierung. Erst wenn eine volle Lautstärke genossen werden kann, ist das Ausdrucksfeld für ein Pianissimo vorbereitet. Umgekehrt ist eine gestützte Pianofunktion, deren Charakteristikum ja die Randschwingung ist, erst die Basis für ein Crescendo.

Die Stimme ist eine psycho-motorische Funktion des menschlichen Wesens. Motorik ist Handlung und strebt nach außen (Yang). Sie wird aber nur mechanistisch wirken und ist letztlich funktionsuntüchtig ohne das nach innen gerichtete Sensorium des Fühlens, Tastens, Hörens, Sehens (Yin). Erst wenn Eindrücke hereingelassen werden, kann Ausdruck entstehen. Und eine ausgewogene Funktion kommt immer durch die Selbstregulierung beider Richtungen zustande, die gleichzeitig im Menschen wirksam sind. Hier sprechen wir auch von Sensomotorik.

In der Symbolwelt von Yin und Yang bedeutet Tao oder Tai-Chi die Einheit und Verbindung zwischen den Extremen der aufeinanderwirkenden polaren Kräfte. Diese Einheit befindet sich jedoch in ständigem Wandel.

Wie im östlichen Zeichen des Tao sich die hellen und dunklen Kräfte symbolisch vereinen, scheint mir die physiologische Dreiteiligkeit des Atemrhythmus ein (westliches) Symbol für die Zusammenfassung der polaren Kräfte zu sein.

Im philosophisch-psychologischen Sinne erleben wir diese Einheit von Yin und Yang als *Synchronizität*. Die polaren Kräfte wirken nicht nur nacheinander sondern gleichzeitig innerhalb eines Geschehens. Dadurch kann immer der Durchdringungs- und Wandlungsprozess, das Durcharbeiten aller Qualitäten erlebt werden.

Im psychologischen Bereich kann eine simple Einteilung und Festlegung in Bewertungskategorien nicht mehr ausreichen. Wenn wir den Mann in der Frau und die Frau im Manne erkennen und beiden Spielraum geben, ahnen wir die Möglichkeit der gelebten *Androgynie* im geistigen, körperlichen, seelischen Sinne. "Androgynie ist daher nicht nur eine Beschreibung unseres Wesens, sondern auch der Weg des Denkens und Fühlens, der zur Verwirklichung dieses Wesens führt. Androgynie ist sowohl ein absoluter Zustand wie auch ein Vorgang des Werdens" (Colegrave 1984, 199).

Literatur

Colegrave, S.: Yin und Yang. Frankfurt/M. 1984

Frankenberg, G.: Kulturvergleichendes Lexikon. Bonn 1984

Frutiger, A.: Der Mensch und seine Zeichen. Dreieich 1991 (Paris 1978)

Jung, C. G.: Der Mensch und seine Symbole. Olten-Freiburg i.Br. 1984[7] (London 1964)

Jung, C. G., Wilhelm, R.: Das Geheimnis der goldenen Blüte. Olten-Freiburg i. Br. 1971

Jung, E.: Animus und Anima. Fellbach 1988[3]

Rauschnabel, V.: Die sogenannte Atempause als Strukturierungsfaktor in Stimmtherapie und Stimmbildung. In: Sprache – Stimme – Gehör, 2/1978, S. 44–51

Rohmert, G.: Der Sänger auf dem Weg zum Klang. Köln 1992[2]

Schlaffhorst, C., Andersen, H.: Atmung und Stimme. Wolfenbüttel 1928

Wilhelm, R. (Hrsg.): I Ging – Das Buch der Wandlungen. Düsseldorf – Köln 1981[2]

MARGIT REINHARD-HESEDENZ

... und besonders bei Frauen!

1. Einleitung

In Fachliteratur (ich benutze diesen wenig definierten Begriff, da es um die Zu-ordnung zur Wissenschaftlichkeit der Texte nicht gehen wird), die sich mit Kommunikation beschäftigt, ist mir immer häufiger die Art und Weise aufge-fallen, in der Frauen erwähnt werden. Mein primäres Interesse am jeweiligen Inhalt konnte nicht verhindern, daß sich – je öfter mir diese "Hinweise" be-gegneten – ein Unbehagen einstellte. Ich fing an, die entsprechenden Stellen intensiver wahrzunehmen, und nicht mehr darüber hinwegzulesen, um das "Eigentliche" zu verstehen. Mein zunehmendes Interesse an feministischen Sichtweisen von (Lebens-)Zusammenhängen hat mein unspezifisches Unbeha-gen verändert: es ist spezifisch geworden, und ich habe nun eine These, die ich auch bei Christa Rohde-Dachser (1992, 32) wiedergefunden habe: Weibliche Lebenszusammenhänge werden ausgeblendet oder verzerrt dargestellt.

Ich habe diese These nicht systematisch überprüft. Sie befindet sich also noch im Stadium einer Behauptung. Aber die Textstellen, die mir begegnet sind, halte ich für mitteilenswert genug, um Hellhörigkeit entstehen zu lassen oder sie wachzuhalten bei denen, die sie schon entwickelt haben.

Der überwiegende Teil der Fachliteratur wurde und wird in der männlichen Form geschrieben. Das wäre nicht weiter von Bedeutung, wenn sie nicht für die geschlechtsneutrale Sprache gehalten würde, wenn sie nicht verschleiern wür-de, daß Denkmuster, die mit ihr verbunden sind, in patriarchalischer Tradition stehen und damit Folgen für die Inhalte haben. Muster sind "in Prozessen ge-sellschaftlicher Kooperation entstanden, werden von vergesellschafteten Sub-jekten in sozialen Prozessen erworben und prägen als einsozialisierte Muster ihr Verhalten und Handeln." (Geißner 1984, 25)

Diese Definition hier angewandt bedeutet: die entsprechenden Denkmuster "konzeptualisieren vorwiegend männliche Lebens- und Erfahrungszusammen-hänge (Körpererfahrungen, Denk- und Beziehungsstile, Erfahrungen mit Natur und Gesellschaft, Lebensziele), die zu keiner Zeit identisch mit denen von Frauen gewesen sein dürften." (Rohde-Dachser 1992, 32)

Zwar ist es nicht so, daß Männern ausschließlich das Positive zugedacht wird. Aber Frauen werden in Zusammenhängen mitbenannt, in denen nicht erwiesen ist, daß sie sich für Frauen so darstellen. Sie werden auch in Zu-sammenhängen mitbenannt, in denen als erwiesen gelten kann, daß sie für Frauen so nicht zutreffen.[1] Sie werden auch eigens erwähnt. Aber dann allzu oft, um zu zeigen, welche besonders negativen Auswirkungen ein Phänomen haben kann.

2. Das Rätsel der Mutation – die ungelöste Aufgabe oder die Aufgabe des Unlösbaren

Bei dem Thema Mutation der Stimme in der Pubertätsphase wird Ausgrenzung zwar immer wieder formuliert, aber nicht thematisiert. Es wird weiter das männliche Phänomen beschrieben und ausdifferenziert: Paul Moses stellt fest: "Seit Aristoteles lag das Schwergewicht des Interesses auf der männlichen Mutation, weil der Stimmwechsel der Knaben meist viel dramatischer verläuft als der der Mädchen" (1956, 32). Und im Zusammenhang mit dem Problem der Akzeptanz der neuen Stimme: "Wenig Aufmerksamkeit hat man bisher den entsprechenden Problemen des heranwachsenden Mädchens gewidmet, und nur ein geringeres Ausmaß an Forschung existiert, weil hier die Stimmveränderungen viel weniger hörbar sind" (1956, 33). Hans-Heinrich Wängler konstatiert ebenfalls, daß der Stimmwechsel bei den Jungen am ausgeprägtesten ist. Wenn er auch darauf hinweist, daß sich bei Mädchen ein "echter Stimmwechsel vollzieht" (1976, 54) und einige Fakten dazu darstellt, so geben doch die Mädchenstimmen "oft genug" die 'echten Rätsel' auf (1976, 53).

Das hat Anklänge an die "scheinbare Unlösbarkeit des 'Rätsels Weib', an dem Freud, nach seinen eigenen Worten gescheitert war" (Rohde-Dachser 1991, 277). Die Autoren ahnen offensichtlich Unterschiede, negieren sie aber letztlich doch.

Vielleicht würde sich zeigen – wenn die Unterschiede näher untersucht würden – daß es eine "Schnittmenge" gibt. Vielleicht wäre die Schnittmenge z. B. innerhalb des Parameters Stimmhöhe so groß, daß auch die dichotome Sichtweise: Frauenstimmen sind höher als Männerstimmen / Männerstimmen sind tiefer als Frauenstimmen nicht mehr normativ aufrechterhalten werden könnte. Alleine in diesem Parameter ergäben sich weitreichende Folgen für die gesellschaftliche Einschätzung von Stimmen – weiblichen wie männlichen – inklusive der Pathologisierung von Stimmen und den sogenannten Stimmträgern, den Menschen.[2]

3. Die Mutter-Kind-Dyade – wenig Variationen zu einem Thema

Wenn es um das Sprechenlernen des Kindes geht, wird die äußerst wichtige Bedeutung der Mutter für die Entwicklung des Kindes angenommen. Allerdings ist die Art, wie die Mütter in der Wahrnehmung ihrer Bedeutung dargestellt werden, nicht gerade unterstützend für sie: Christian Winkler sieht beim Sprechenlernen oft "... ein schlechtes Vorbild der Mutter" (Winkler 1969, 500). Dieter Mattner gibt im Zusammenhang mit Körpersprache das Beispiel: "So wird diejenige Mutter, die ihr Kind ablehnt, eventuell Nähe vortäuschen, ihre 'Lüge' wird allerdings offenbar ..." (Mattner 1993, 21). Horst Coblenzer und Franz Muhar weisen zwar zunächst darauf hin, daß sich der ökonomische Stimmgebrauch der Mutter auf das Kind überträgt, aber: "auch eine Störung ist meistens beiden gemeinsam" (1976, 21). Und bei Asthmaleiden eines Kindes wissen sie: "Selten ist der Stimmgebrauch der Mutter eines solchen Kindes ökonomisch" (1976, 21). Bei Egon Aderhold (1977, 29) ergeht es der Mutter nicht besser. Und auch Renate Eckert warnt vor Folgen der "frühen Mutter-Kind-Beziehung, die unter Zeitoptimierungsaspekten gestaltet wird" (1993, 61). Bei Wängler wird am eindrücklichsten sichtbar, daß er, auch wenn er andere Begriffe gebraucht (Bezugsperson, Erzieher, Eltern, Umgebung), letztlich die Mutter meint: "Tatsächlich vollzieht sich ja die gesamte kindliche Entwicklung in engster Einwirkungsabhängigkeit von der Umgebung. 'Halte doch endlich mal deinen Mund!', wie häufig mag eine vielgeplagte Hausfrau und Mutter ihrem unentwegt vor sich hinplappernden Kleinkind das wohl schon zugerufen haben?" (1976, 67).

Es ist sicher die Aufgabe derer, die erklären und aufklären wollen, auch auf Gefahren und Fehler hinzuweisen. Aber es ist offensichtlich notwendig, die Fehler explizit in Verbindung mit Frauen in der Rolle der defizitären Mutter darzustellen.

Frauen sollen sich – eingedenk ihrer Schuld so unvollkommen zu sein – weiter auf dem Gebiet Beziehungsarbeit[3] qualifizieren. Handlungskompetenzen werden verschwiegen. Gleichzeitig wird aber der Eindruck erweckt, es sei machbar, eine vollkommene Mutter zu sein. Ihre Kräfte und anderen Interessen, ihre Lebenszusammenhänge werden nicht thematisiert (vgl. hierzu die Aufzeichnung eines Tagesablaufs einer "Supermutter" in Leyrer 1988, 78–92). Männer werden in ihrer Rolle als Väter nicht unmittelbar angesprochen. Sie können sich angesprochen fühlen als Erzieher, Bezugsperson, Umwelt – aber sie können in Distanz bleiben zu konkret genannten Defiziten und Anforderungen. Es wird also kein anderer gesellschaftlicher Entwurf gewagt.

4. Beziehungsarbeit für die ganze Familie

Winkler macht sie explizit geltend, wenn er den Familienzerfall in Verbindung bringt mit den berufstätigen Müttern, die sich nur unzureichend um ihre Kinder kümmern können. Bei Hans-Martin Müller-Wolf und Clemens Warns bleibt sie unaufgedeckt: Die Autoren berichten von Erfahrungen in einem Elterntraining "Partnerschaftlich mit den Kindern leben". Den Abschluß des Trainings bildete ein Gespräch mit Vorschlägen, "wie man nun allein oder mit mehreren an der eigenen Verhaltensänderung weiterarbeiten könne" (1989, 226).[4] Es sind acht Vorschläge aufgeführt, darunter die beiden folgenden: "dem Ehemann die Unterlagen geben und mit ihm darüber sprechen;" "nach und nach alle (bisher vertuschten, verschleppten) Konflikte aufsuchen und mit Ehemann und Kindern besprechen." Hier scheint unbefragt zu bleiben, daß Frauen es als ihre Aufgabe sehen, für die Konfliktbewältigung die entsprechende Vorarbeit zu leisten und initiativ zu werden.

5. Weiblichkeit in der Stimme

Eine fatale Konsequenz männlicher Definition von Weiblichkeit (in der Stimme einer Frau) sehe ich in dem Beispiel von Leopold Spitzer (1991, 168) aus seiner gesangspädagogischen Arbeit. Er berichtet von einer Sopranistin, die bei Liedern und Arien unsicher war, wodurch auch ihre Stimmqualität beeinflußt wurde. Er mußte ihr jeden interpretatorischen Schritt vorgeben, sie hatte nur eine ausdruckslose Stimme mit Text. Er bemerkt, daß sie, obwohl sie sehr hübsch war, "an starken Minderwertigkeitskomplexen" litt.[5] Ein Gespräch ergab: "Ihre Eltern hatten sich einen Buben gewünscht und sie es immer spüren lassen, daß sie "nur" ein Mädchen sei. ... Die Erfahrung, "nur" ein Mädchen zu sein, führte dazu, daß sie sich weigerte, weibliche Gefühle in ihre Stimme zu legen. Nachdem es mir nicht gelang, diese seelischen Hemmschwellen zu überwinden, mußte die Zusammenarbeit beendet werden." Ich vermute, daß Herr Spitzer der Sopranistin mit seiner pädagogischen Erfahrung gerne eine vertrauensvolle Atmosphäre, einen Raum geboten hätte bzw. hat, um ihr zu ermöglichen, Anderes bzw. Neues auszuprobieren. Aber ich kann mich nicht von dem Eindruck freimachen, daß er eine normative Vorstellung von "dem Weiblichen" in der Stimme zur Grundlage seiner Beurteilung macht. So kann er seinerseits nichts Neues ausprobieren. (Konsequent schreibt er die Verweigerung der Sopranistin zu.) Mit diesem Ansatz steht der Satz "Nachdem es mir nicht gelang, diese seelischen Hemmschwellen zu überwinden ..." in einem anderen Zusammenhang: "diese" seelischen Hemmschwellen können ja auch seine Hemmschwellen sein.

6. Das Phänomen Lehrerin

Lehrer und besonders Lehrerinnen sind immer wieder Thema in der Fachliteratur. Auch hier zeigt sich das Phänomen: es wird durchgängig von Lehrern gesprochen. Lehrerinnen werden nur an bestimmten Stellen erwähnt, dann aber mit dem "Beiklang" besonderen Unvermögens.

Winkler: "und wieviel resonanzarme Stimmen gibt es besonders bei jungen Lehrerinnen!" (1954, 407). Drach ordnet (Zitat nach Winkler 1985, 91) "besonders Lehrerinnen" dem Lerntyp zu, bei dem "das verstandesmäßige Durchleuchten ... nicht annähernd so viel" Erfolg bringt wie bei einem anderen Lerntyp. Man hat Lehrerinnen lange Zeit auf unterschiedlichste Art versucht nachzuweisen, daß sie für ihren Beruf nicht taugen[6].

Die Debatten um die grundsätzliche Berufstätigkeit von Frauen betraf sicher alle Berufsarten, in die Frauen sich hineinwagten. Die unverheiratete berufstätige Frau stellte aber eine besondere Bedrohung dar: Sie lebte unabhängig. Und da die Möglichkeit der ökonomischen Unabhängigkeit einer Frau nicht mehr zu widerlegen war, mußten eben Gesellschaftsordnung und Wertordnungen in unterschiedlicher Bezogenheit entsprechend interpretiert und wissenschaftlich untermauert werden, um nachzuweisen, welchen Schaden solche Frauen der Gesellschaft zufügen.

Auch Lehrerinnen – und in diesem Fall tatsächlich besonders Lehrerinnen – waren davon betroffen. Lehrerinnen mußten – wenn sie ihren Beruf ausüben wollten – unverheiratet bleiben.[7] Erst in der Weimarer Republik wurde der Zwang zum Zölibat grundsätzlich aufgehoben, aber der verheirateten Lehrerin konnte dennoch gekündigt werden. Moses weist darauf hin, daß in vielen Städten der USA auch noch 1954[8] die unverheiratete Lehrerin der verheirateten vorgezogen wurde (1956, 117). Aber gerade aus diesem (erzwungenen) Status der Lehrerin wurde in einem Zirkelschluß abgeleitet, daß Frauen ungeeignete Lehrer abgäben, weil sie kein Familienleben hätten. "Das männliche Establishment warf den Lehrerinnen genau das vor, was es gleichzeitig von ihnen verlangte: daß sie nicht heirateten" (Stodolsky 1993, 172).

Die Vorstellung vom Leben ohne eigene Familie war natürlich auch verbunden mit der Vorstellung, daß nur in der gegengeschlechtlichen Beziehung – die wiederum durch entsprechende Moralkodizes an Heirat gekoppelt war – eine erfüllte Sexualität und Mutterschaft begründet sei. Das im Leben zu kurz gekommene, verhärmte und frustrierte Fräulein, die alte vertrocknete Jungfer, das alte Mädchen wurden als Persönlichkeitsbilder unverheirateter Lehrerinnen aufgebaut und hielten sich hartnäckig, trotz aller Widersprüchlichkeiten: "Die Lehrerin, die von der Mütterlichkeit ausgeschlossen ist, untersteht dem Naturgesetz des raschen Verblühens. Die äußere Magerkeit hat zur Folge, daß der innere Mensch oft auch trocken, alt und verbittert wird ..." (Zit. nach Stodolsky 1993, 168).

Daß es Lehrerinnen gab, die unverheiratet bleiben wollten, war für manche unvorstellbar, für andere besonders verwerflich, je nach ideologischer Zeitströmung. Als allmählich bekannt wurde, daß es unter anderen Gründen den Grund gab, unverheiratet bleiben zu wollen, in Frauenbeziehungen leben zu wollen, hätte das Gedankengebäude der sexuell frustrierten Frau zusammenbrechen müssen. Aber: Daß eine Frau sich der Heterosexualität entzieht und dabei auch noch zufrieden lebt, lag wohl außerhalb der Vorstellungsmöglichkeiten und durfte auch nicht sein. Eine der extremsten Attacken, denen sich Lehrerinnen auf der sexuellen Ebene nun ausgesetzt sahen, arbeitet mit Begriffen wie: homosexuelle Megären und dünnlippige, flachbrüstige, sadistische Kreaturen (Oram 1991, 109f).

Dieser Exkurs schien mir notwendig, um ein anderes Extrem – die Ausführungen von Moses – auf einem Hintergrund lesbar zu machen, der sich nicht ohne weiteres aus dem Text erschließt. Diese Annahme finde ich (leider) bestätigt in der Veröffentlichung von Gabriel Ptok (1991). Er zitiert und referiert Moses unkommentiert. Moses (1956, 116f) spricht von der in der westlichen Kultur weitverbreiteten "Frauenstimme mit den Symptomen von Verzicht, Versagung, Enttäuschung". "Gemeint ist die Stimme so mancher Lehrerin." Nach längeren Ausführungen über die Folgen der Versagung im Allgemeinen benennt er die Versagung, die er eigentlich meint: die sexuelle Versagung. Da er diese Versagung unmittelbar nach dem Hinweis benennt, daß in den USA die unverheiratete Lehrerin der verheirateten vorgezogen wird, läßt sich folgern: er meint die sexuelle Versagung der unverheirateten Lehrerin. Daß er die sexuelle Versagung verbunden sieht mit der beruflichen, macht umso deutlicher, daß er in dem oben skizzierten Kontext argumentiert. Aus dieser Grundannahme leitet er alle Aussagen über die physischen und psychischen Unzulänglichkeiten der Lehrerin ab. So schrumpfen ihre Nasenschleimhäute aufgrund der "langanhaltenden Situation" und "die Stimme klingt 'kalt' oder – besser gesagt – sie entbehrt der Wärme".

In "akuten Situationen, besonders wenn Selbstmitleid und Verlegenheit im Spiele sind, können die Schleimhäute anschwellen ..., mit dem Effekt der klagenden, tränenreichen Stimme." Als psychische Folgen betrachtet er z. B.:

– "eine aggressive Komponente, und zwar der Vorwurf"
– Befangenheit "aufgrund der Minus-Qualität ihrer Stimme, die sie manchmal durch Pseudo-Pathos zu kompensieren sucht"
– "gemachte Überlegenheit"
– "die beißenden Akzente der sadistischen Persönlichkeit".

Als Vergleich bezieht er sich auf andere soziale Gruppen, "die unter der Herrschaft strenger Tabus stehen", um dann wieder als Spezialfall "der typisch puritanischen Stimme" "die Stimme der Tochter des Puritaners" ebenfalls mit dem Attribut der "aggressiven Komponente" zu versehen.

Der tragische Einfluß der Stimme einer unverheirateten Lehrerin auf das Kind – und insgesamt auf die jüngere Generation – liegt für Moses damit auf der Hand: Das Kind wird "gereizt, gestört, in Angst versetzt".

Wer und welche wollte also noch glauben, eine unverheiratete Lehrerin sei für diesen Beruf geeignet? Sein Lösungsvorschlag: Wenn die Lehrerin von der Administration "gesellschaftlich aufgrund ihrer wahren Verdienste als menschliches Wesen (! d. Verf.) akzeptiert wird, nur dann kann die Aufgabe des Lehrens die Enttäuschungen und Unzulänglichkeiten ausgleichen." Mit diesem Vorschlag scheint er geradezu rührend Partei zu ergreifen für die Lehrerin. Aber er bleibt ideologisch in seinem Gedankengebäude verhaftet. Er bleibt dabei, daß die Lehrerin die Unzulänglichkeiten hat, die er beschreibt, und daß sie einen Ausgleich für ihr Leiden braucht.

Ohne Kommentar

Winkler (1969): "Eine plattdeutsche Darstellung von Kants Philosophie nimmt sich so stillos aus wie eine Dame von der 'Kö' mit Dirndlkleid und rotlackierten Fingernägeln auf der Alm." (340)

"Daß die ursprüngliche Begabung für sprachliches Gestalten bei Mädchen von vorneherein stärker sei, wird bestritten. Vermutlich wissen die anpassungsfähigeren Mädchen nur, die sprachbildnerischen Anregungen rascher zu verwerten." (415)

Wängler (1976, 72): Darstellungsspiele im Kindergarten: "Richtig angewendet führen Spezialübungen systematisch zum ganzheitlichen Sprechvorgang hin." "Wir sollten williger der Einsicht nachgeben, daß Kinder schließlich lernen, was man sie lehrt;" "Da kann es ... 'vornehme Damen' mit hohen Stimmen und übertriebener Artikulation" geben, die "in einem Hutgeschäft ... Hüte probieren"

Filliés (1993): "Die leichtlebige Polin Urszula in Geißendörfers 'Lindenstraße' wird in jeder Sendung auf der ersten Silbe, statt auf der zweiten ... betont." (29)

Moses (1956): "Das heranwachsende Mädchen hat ähnliche Stimmsymptome (wie die Lehrerin, d. Verf.), wenn es weniger Verabredungen mit jungen Männern hat, als seine Freundin, mit der es nicht konkurrieren kann ..." (118)

Adamsapfel: Die seit dem 18. Jahrhundert bezeugte volkstümliche Bezeichnung für den vorstehenden Schildknorpel des Mannes beruht auf der Vorstellung, daß Adam ein Stück des verbotenen Apfels im Halse steckengeblieben sei. (Duden: Das Herkunftswörterbuch, Bd. 7, Mannheim 1963)

Anmerkungen

[1] Dem kann auch die durchgängig pro forma angehängte oder integrierte Silbe -In nicht abhelfen. Dennoch erteile ich dieser Schreibweise keine Absage.

[2] Z. B.: Viele Frauen müßten sich vielleicht nicht mehr damit auseinandersetzen, daß ihre Stimmen als unweiblich oder virilisiert bezeichnet werden. Frauen und Männer brauchten nicht mehr hinzunehmen, daß Männerstimmen mit den Begriffen "weibisch (feminin)" (Moses 1956, 5) abgewertet werden.

[3] Daß der Begriff existiert, und damit ein wesentliches Strukturelement der Anforderungen an Frauen aufgedeckt wurde, ist ein Verdienst der Frauenforschung.

[4] Als Teilnehmer werden 7 Ehepaare angegeben. Wobei nur 2 Frauen ausdrücklich "vorgestellt" werden, als Hausfrauen, der unteren Mittelschicht zugehörig. Diese beiden werden zusätzlich über die Berufsnennungen der Ehemänner definiert. Die ungenannten Teilnehmerinnen werden ausschließlich über die Berufsnennung der Ehemänner definiert. Auch Dieter Allhoff (1983) nennt bei der Aufzählung von Sozialisationsfaktoren ausschließlich den Beruf des Vaters.

[5] Ich glaubte dieses Klischee bereits ausgestorben. Es existiert also doch: Eine "Hübsche" braucht keine Minderwertigkeitskomplexe zu haben. Hat sie welche, ist es bedauerlich bis unnormal. Gegenprobe: Eine "Häßliche" sollte Minderwertigkeitskomplexe haben. Hat sie keine, ist es selbstüberschätzend.

[6] vgl. hierzu die kritischen Aufarbeitungen von Conradt 1989; Stodolsky 1993; Oram 1991; Händle 1991.

[7] Die entsprechenden Gegebenheiten und Entwicklungen in England beschreibt Alison Oram 1991.

[8] Ich beziehe mich hier auf das Erscheinungsjahr der Originalausgabe.

Literatur

Aderhold, E.: Sprecherziehung des Schauspielers, Grundlagen und Methoden. Berlin 1977

Allhoff, D.-W.: Sprechangst. In: Mündliche Kommunikation: Störungen und Therapie (Hrsg. Allhoff, D.-W.), S. 145–159. Sprache und Sprechen, Bd. 10, Frankfurt/M. 1983

Coblenzer, H. und Muhar, F.: Atem und Stimme. Anleitung zum guten Sprechen. 3. Aufl., Wien 1976

Conradt, S., Heckmann-Janz, K.: "... du heiratest ja doch!". 80 Jahre Schulgeschichte von Frauen. Frankfurt/M. 1989

Eckert, R.: Botschaften des Körpers – Verstehen ohne Sprache. In: Körpersprache (Hrsg. Lotzmann, G.), S. 60–66. Sprache und Sprechen, Bd. 27, München-Basel 1993

Filliés, J.: Lautliche Klischees in Rundfunk, Fernsehen und deutsch synchronisierten Filmen. In: Sprechen, Hören, Sehen (Hrsg. Pawlowski, K.), S. 26–36. Sprache und Sprechen Bd. 26. München-Basel 1993

Geißner, H.: Über Hörmuster. Gerold Ungeheuer zum Gedenken. In: Hören und Beurteilen (Hrsg. Gutenberg, N.), S. 13–56. Sprache und Sprechen, Bd. 12, Frankfurt/M. 1984

Händle, Chr.: Berufung statt Karriere. Ergebnisse der Lehrerinnenforschung. In: Unterschiede. Zeitschrift für Lehrerinnen und Gelehrte, Mütter und Töchter, Gleich- und Weichenstellerinnen, Freundinnen, Tanten und Gouvernanten aller Art. Nr. 1, S. 18–24, 1991

Leyrer, K.: Hilfe! mein Sohn wird ein Macker. Hamburg 1988

Mattner, D.: Zur Hermeneutik der Körpersprache. In: Körpersprache (Hrsg. Lotzmann, G.), S. 14–25. Sprache und Sprechen, Bd. 27, München-Basel 1993

Moses, P.: Die Stimme der Neurose. Stuttgart 1956

Müller-Wolf, H.-M., Warns, C.: Elterntraining "Partnerschaftlich mit den Kindern leben". In: Kommunizieren lernen (und umlernen) (Hrsg. Fittkau, B., Müller-Wolf, H.-M., Schulz von Thun, F.), S. 211–259. 6. Aufl., Aachen-Hahn 1989

Oram, A.: "Verbittert, geschlechtslos oder homosexuell": Die Diffamierung unverheirateter Lehrerinnen 1918–1939 (Übersetzung aus dem Englischen: Kappe, K.). In: ... und sie liebten sich doch! Lesbische Frauen in der Geschichte 1840–1985, S. 103–123, Göttingen 1991

Pagenstecher, L.: Lesben und Heteras – Die neue Unübersichtlichkeit der Beziehungsverhältnisse. In: Querfeldein. Beiträge zur Lesbenforschung (Hrsg. Marti, M., Schneider, A., Sgier, I., Wymann, A.), S. 17–21. Bern – Dortmund 1994

Ptok, G.: Zur Stimme Lehrender: Lebensgeschichtliche und situative Einflüsse. In: Stimme (Hrsg. Kutter, U., Wagner, R. W.), S. 137–148. Sprache und Sprechen Bd. 25, Frankfurt/M. 1991

Rohde-Dachser, Ch.: Expedition in den dunklen Kontinent. Weiblichkeit im Diskurs der Psychoanalyse. Berlin – Heidelberg 1992, 1. unveränderter Nachdruck

Spitzer, L.: Anmerkungen zum Phänomen Stimme. In: Stimme (Hrsg. Kutter, U., Wagner, R. W.), S. 165 – 172, Sprache und Sprechen Bd. 25, Frankfurt/M. 1991

Stodolsky, C.: Geschlecht und Klasse im Kaiserreich. Das Beispiel der "Lehrerinnenfrage". In: Geschlechterverhältnisse im historischen Wandel (Hrsg. Schissler, H.), S. 164 – 184. Frankfurt/M. 1993

Wängler, H. H.: Leitfaden der pädagogischen Stimmbehandlung. Berlin 1976

Winkler, Chr.: Deutsche Sprechkunde und Sprecherziehung. 2. Aufl., Düsseldorf 1969

Winkler, Chr. (Hrsg.): Aus den Schriften von Erich Drach. Sprache und Sprechen Bd. 14, Frankfurt/M. 1985

ANTJE SCHMIDT

"Untypisches" Gesprächsverhalten weiblicher Studierender

Typisch weiblich – typisch männlich – diese beiden Pole standen bisher im Mittelpunkt der meisten Untersuchungen. Bei der wissenschaftlichen Bestimmung, was denn diese Begriffe beinhalten, driften die Meinungen und die Forschungsergebnisse mitunter auseinander. Diese Differenzen rühren auch daher, daß in den Sozialwissenschaften keine Gleichung aufzumachen ist: Frau gleich Frau und Mann gleich Mann.

So verschieden wie die Individuen können im einzelnen die Ergebnisse von Studien sein. Einige unserer Probandinnen fallen aus der Geschlechterrolle und erzeugen "Unruhe im Tabellenbild".[1]

Wenn wir unzufrieden mit der Situation von Frauen im kommunikativen Bereich sind und Lösungen suchen, die Probleme zu bewältigen, stoßen wir gelegentlich auf Frauen, die mit ihrem Kommunikationsverhalten Lösungsansätze aufzeigen und z. T. sehr verschiedene, sehr individuelle Wege zu einer veränderten Kommunikation der Geschlechter weisen.

1. Geschlechtstypisches – geschlechtsuntypisches Kommunikationsverhalten

Für eine Arbeit, die Unterschiede im Kommunikationsverhalten von Frauen mit Blick auf Geschlechtsrollenstereotype untersucht, ist es zunächst notwendig, eine Definition für geschlechtstypisches bzw. – untypisches Kommunikationsverhalten zu finden.

Wir können von den weitaus meisten gezeigten Verhaltensmerkmalen in der Kommunikation sagen, daß sie nicht an sich typisch weiblich oder männlich sind. Solche Typik entsteht erst durch den sozialen Kontext, in dem sprechende Menschen ständig agieren und in welchem sie immer wieder durch die Produktion entsprechender Verhaltenseigenschaften ihr soziales Geschlecht markieren und reproduzieren.[2]

Wenn ein sprachliches Mittel in einer bestimmten Situation besonders dazu dient, das soziale Geschlecht "weiblich" zu kennzeichnen, können wir es "typisch weiblich" nennen. Es gehört oft auch zu einem Stereotyp von weiblichem Sozialverhalten. Die Art der Kennzeichnung als "weiblich", wie eine Eigenschaft in das Weiblichkeitsstereotyp gelangt, ist unterschiedlich. Wenn im Kommunikationsverhalten etwas als typisch weiblich gilt, kann das bedeuten:

(a) daß eine kommunikative Verhaltenseigenschaft tatsächlich von Frauen häufiger oder seltener gezeigt wird als von Männern, oder

(b) daß Frauen ein Merkmal ebenso zeigen wie Männer, aber häufiger andere Intentionen damit verbinden als jene, oder

(c) daß Frauen, wenn sie gleiche kommunikative Verhaltenseigenschaften zeigen wie Männer, diese unabhängig von der ursprünglichen Intention andere, stereotype Bewertungen und Deutungen erfahren, oder

(d) daß konträre Verhaltenseigenschaften, die nicht in das Stereotyp weiblichen Kommunikationsverhaltens "passen" bis zu einem bestimmten Grad nicht wahrgenommen werden.

Eine untypisch kommunizierende Frau durchbricht an einem oder mehreren dieser Punkte das Schema des aktuellen Stereotyps.

– Sie kann einmal die Häufigkeit des Gebrauchs bestimmter "typisch weiblicher" Verhaltensmerkmale mindern (z. B. weniger schweigen, weniger zustimmen).

– Zum zweiten kann sie untypische Intentionen mit dem gleichen sprachlichen Mittel verbinden (Schweigen als Zeichen einer Gesprächsverweigerung statt Unterordnung).

– Drittens ist es möglich, durch die Bewertung und Deutung ihres Kommunikationsverhaltens von den Rezipientinnen und Rezipienten als untypisch kommunizierend wahrgenommen zu werden (Ablehnung einer aktiven Sprecherin als aggressiv, unweiblich).[3]

– Viertens kann sie die Wahrnehmungsraster durchbrechen, die mit bestimmten Toleranzgrenzen Frauen und Mädchen generell als typisch weiblich kommunizierende erscheinen lassen (Ignorieren besonderer Gesprächsaktivität von Frauen wird unmöglich).

Untypisch kommunizierende Frauen müssen nach dieser Definition nicht wie der männliche Durchschnitt in der Kommunikation agieren. Es genügt oft ein Variieren des als "typisch weiblich" beschriebenen Verhaltens oder ein Bruch mit einem oder wenigen Punkten des Stereotyps. Der unmittelbare Vergleich wird im folgenden stets mit dem durchschnittlichen Kommunikationsverhalten von Frauen vollzogen.

2. Geschlechtstypik im Kommunikationsverhalten von Studentinnen

Die Situation von Studentinnen an den ostdeutschen Universitäten ist oft wenig erfreulich. Zwar wirft man ihnen noch nicht vor, sich nur in den Hörsälen aufzuhalten, um einen zukünftigen Arzt oder Juristen zu ehelichen, doch schon zu DDR-Zeiten konnte eine Abiturientin von einem Professor hören, daß man für ein Medizinstudium lieber Männer als Frauen nähme. Zwar seien Frauen fleißiger, aber die Männer seien eben doch intelligenter. Was Intelligenztests nicht belegen können, scheint in unserer universitären Welt zu einer Art Gewißheit geworden zu sein.

Wo hohe Leistungen in den Wissenschaften mit Lehrstühlen honoriert werden, schwindet der Frauenanteil auf durchschnittlich 5%; unter den Stipendiatinnen und Stipendiaten sind Frauen im Vergleich zu ihrem Anteil an Studienanfängerinnen unterrepräsentiert. Professoren empfehlen mit Vorliebe männlichen Nachwuchs.

Die Frage, warum das so ist, läßt sich nicht nur mit dem Hinweis auf überlieferte Meinungen und Vorurteile beantworten, wobei diese sicherlich auch heute noch eine gravierende Rolle spielen. Ein weiterer, bedeutender Grund liegt m. E. im Kommunikationsverhalten von Studierenden offen, welches deutlich von Geschlechtsrollenmustern geprägt ist.

Selbst wenn Studentinnen mit Überzahl in Seminaren sitzen, und auch wenn sie nicht dümmer, weniger vorbereitet oder weniger redegewandt sind, führen oft die männlichen Studenten das Wort. Was Frauen über Literatur, Geschichte, Philosophie etc. zu sagen haben, kommt häufig erst zur Sprache, wenn kein Mann und keine Lehrkraft mehr anwesend ist. Das wichtigste Mittel der Präsentation eigener Leistung ist aber im Studienalltag und in den mündlichen Prüfungen nach wie vor die mündliche Kommunikation. Vor allem die aktive Teilnahme an Diskussionen und Seminargesprächen gilt als Zeichen von Leistungsfähigkeit und Wissen. Vermutlich schneiden in der Bewertung selbst bei mäßigem Redeinhalt oft die Personen besser ab, die sprecherisch ständig präsent sind, als jene, die still danebensitzen und "nur" gute schriftliche Ergebnisse ihrer Arbeit vorweisen können.[4]

Das Präsentationsmittel "mündliche Kommunikation in Seminaren" scheint aus einem bestimmten Grund Frauen nicht im gleichen Maße zugänglich wie Männern. Wie sich das äußert und warum das so ist, untersuche ich seit 1989 an der Universität Leipzig.

2.1. Studentinnen in universitären Kommunikationsgruppen

Die Analyse von zwei Seminaren und zwei Diskussionsrunden im universitären Bereich (Schmidt 1991) erbrachte 1989 zwei Hauptergebnisse:

(1) Studentinnen unterschieden sich durchschnittlich in ihrem Kommunikationsverhalten von Studenten.

– Sie sprachen in den drei gemischten Gruppen weniger oft als Männer.
– Sie unterbrachen andere seltener als Männer und setzten sich gegen Unterbrechungen nicht so oft durch wie diese.

– Die untersuchten Studentinnen wechselten seltener als Studenten das Thema und bauten die Themen der Vorredner und Vorrednerinnen öfter aus.

– Die Frauen warteten häufiger als Männer darauf, daß sie das Wort erhielten; Männer nahmen es sich öfter.

– Die Studentinnen wurden von Teilnehmerinnen und Teilnehmern seltener angesprochen.

(2) Diese Geschlechterdifferenzen an der DDR-Universität glichen in der Tendenz denen, wie sie in bundesdeutschen Untersuchungen festgestellt wurden.[5]

Eine der seminarähnlichen Diskussionsrunden hatte nur aus Frauen bestanden. Diese Frauen verhielten sich z. T. anders als der Durchschnitt der Studentinnen in den drei gemischten Gruppen. In der Frauengruppe nahmen sich alle Sprecherinnen selbständig, ohne Aufforderung das Wort. Keine Frau äußerte sich weniger als 10mal und keine schwieg. Im Gegensatz dazu sprachen von 17 Frauen in den gemischten Gruppen 13 weniger als 5mal, davon schwiegen vier ganz. In den gemischten Gruppen übernahmen 76,5% der Frauen weniger als 5% aller Interaktionen. In der Frauengruppe übernahm nicht eine Frau weniger als 5% aller Gesprächsabschnitte und nur ein Drittel übernahm weniger als 10%.

Auch in der Frauengruppe unterbrach keine Frau eine andere im turn. Bei den Sprecherinnenwechseln ging es dafür umso lebhafter zu. Bei über 14% ihrer Interaktionen wurden die Teilnehmerinnen im turn-taking unterbrochen. In 90% der Fälle konnten sie sich dagegen durchsetzen. Die Studentinnen der gemischten Gruppen setzten sich hier nur zu 66% durch.

Frauen verhielten sich also nicht a priori "typisch weiblich" bzw. dieses "typisch weiblich" beinhaltete je nach Situation unterschiedliche Verhaltensweisen. Zumindest aber schienen die Studentinnen mehrere Standards zu beherrschen. Die Anwesenheit von Männern in den Gesprächsgruppen verstärkte ein Verhalten, das als "typisch weiblich" gilt und allgemein wie folgt beschrieben wird: wenig aggressiv-statusorientiert, mehr harmonisierend-beziehungsorientiert, eher passiv im öffentlichen Bereich, aktiver im privaten Bereich, weniger ein Gespräch kontrollierend, mehr Gesprächsarbeit verrichtend u. ä.[6]

Auch neuere Seminaraufnahmen zeigen keine anderen Ergebnisse in den gemischten Gruppen. Das hervorstechendste Merkmal der meisten Studentinnen ist, daß sie Seminare absolvieren, ohne ein Wort zur Diskussion beigetragen zu haben (siehe Tabelle 1). In den Seminaren melden sich oft nur ein oder zwei Frauen zu Wort und das meistens nur ein- oder zweimal. In der Regel kippt das Verhältnis ihres Anteils bei der Teilnahme, der in den sozialwissenschaftlichen Fächern relativ hoch ist, im Vergleich mit dem geringen Anteil der Beiträge von Studentinnen regelrecht weg. Der Regelfall scheinen Seminare wie das erste in der Tabelle zu sein: In einem Geschichtsseminar sind von 35 Studierenden 34% weiblich (Spalten 1 und 2). Frauen stellen also keine Ausnahme dar. Ihr Anteil an den Redebeiträgen von Studierenden liegt in der Regel bei unter 50%, auch wenn Frauen in der Mehrzahl sind. Im Fall des ersten Seminars sogar bei nur 4% (Spalte 3). Von den Frauen meldete sich nur eine zu Wort (8% der teilnehmenden Frauen), von den Männern waren 38% aktiv und sprachen meistens mehrfach (Spalte 4).

Tabelle 1: Gesprächsergreifen von Studentinnen und Studenten in sieben Seminaren vom 14.4. bis zum 26.4.1994.

Seminar	Teilnehmende*		Anteil an Beiträgen		Sprecherinnen/ Sprecheranteil	
	f	m	f	m	f	m
1: Geschichte	12	23	1	25	1	9
35 Personen	(34%)	(66%)	(4%)	(96%)	(8%)	(38%)
2: Politikwissensch.	6	8	2	12	2	4
14 Personen	(43%)	(57%)	(15%)	(85%)	(33%)	(50%)
3: Politikwissensch.	4	7	3	58	1	5
11 Personen	(37%)	(63%)	(5%)	(95%)	(25%)	(71%)
4: Ethik	14	7	18(!)	38	5(!)	2
21 Personen	(67%)	(33%)	(32%)	(68%)	(35%)	(28%)
5: Geschichtsdidaktik	10	9	3	16	1	5
19 Personen	(55%)	(45%)	(16%)	(84%)	(10%)	(55%)
6: Geschichte	8	23	16(!)	30	2(!)	10
31 Personen	(30%)	(70%)	(40%)	(60%)	(25%)	(42%)
7: Ethik	10	9	8	5	4	2
19 Personen	(55%)	(45%)	(61%)	(39%)	(40%)	(22%)

*Angaben absolut und prozentual

Die geringe Teilnahme von Frauen an Seminargesprächen und Diskussionen ist alarmierend, besonders, wenn ein großer Teil der wenigen Wortmeldungen von Frauen organisatorische Dinge betrifft und nicht fachliche Mitarbeit. Oder wenn die einzige Wortmeldung wie im ersten Seminar darin besteht, einen lateinischen Terminus zu übersetzen.

Nur wenn Frauen auf sich aufmerksam machen, durch ihre Aktivitäten ständig präsent werden, wie es sonst meist nur männliche Studenten sind, haben sie eine Chance, kommunikative und kognitive Fähigkeiten im Seminar zu trainieren, was für gute Studienleistungen notwendig ist. Sie werden für Lehrkräfte existent und haben die Möglichkeit, sich einen Prüfungsbonus zu erarbeiten, da sie eher ihr Interesse, ihre geistigen und kommunikativen Potenzen unter Beweis stellen.

Es geht somit vor allem um eine der wesentlichsten Grundlagen von Leistungsbewertung an Universitäten. Dabei soll das typisch weibliche Kommunikationsverhalten nicht als defizitär abqualifiziert werden, eine Frau kann jedoch nicht die als positiv geltenden Seiten typisch weiblicher Kommunikation aufzeigen, wie z. B. Kooperationsbereitschaft oder Fairneß, wenn sie *überhaupt nicht* spricht.[7]

3. Untypisch kommunizierende Studentinnen

Regelmäßige aktive Diskussionsteilnahme wird nach den vorliegenden Daten zu einem wesentlichen Kriterium auf der Suche nach untypisch kommunizierenden Studentinnen. In Tabelle 1 verursachen sie jene oben beschriebene "Unruhe" im Schema (mit (!) gekennzeichnet). Die ungewöhnlichen Werte entstehen in beiden Fällen durch das Verhalten von ein oder zwei Frauen.

In fünf weiteren Seminaren wurde das Gesprächsverhalten von 39 Studentinnen untersucht. Nach zwei bis drei teilnehmenden Beobachtungen wurde jeweils ein Seminar auf Video aufgenommen. 27 Studentinnen schwiegen über die gesamte Zeit der aufgenommenen Seminare hinweg. Neun äußerten sich mehr als zweimal, fünf Frauen mehr als fünfmal. Von diesen fünf Frauen hielt eine am Aufnahmetag ein Referat und mußte aus diesem Grund aktiver teilnehmen. In den Wochen zuvor hatte sie sich nicht in diesem Seminar geäußert.

Sieben Frauen fielen insgesamt als untypisch auf, allen gemeinsam war ihre überdurchschnittliche Redehäufigkeit in den Seminaren. Es konnten aber noch andere, im Einzelfall recht verschiedene Eigenschaften eine Abweichung vom Stereotyp ausmachen.

Schon in der Art des Gesprächsergreifens unterschieden sich die Frauen: nur drei sprachen untypisch regelmäßig ohne Aufforderung. Hartnäckigkeit und Durchsetzungsvermögen, Eigenschaften, die im Weiblichkeitsstereotyp gern ausgespart bleiben, bewiesen vier Frauen: Eine Studentin gab trotz regelmäßigen Ignorierens ihres Handzeichens nicht auf und bemühte sich immer wieder auf diese Weise um das Wort. Drei widersprachen öfter anderen Teilnehmerinnen und Teilnehmern oder den Lehrkräften, drei der vier Frauen fragten nach, wenn ihnen eine Frage nicht ausreichend beantwortet schien. Eine Frau unterbrach in der Diskussion Kommilitoninnen, Kommilitonen und die Seminarleiterin und das erfolgreich.

Diese Frauen zeigten auch typisch weibliche Eigenschaften: Alle Frauen blieben beim Thema. Außer einer Frau unterbrach keine Studentin ihre Gesprächspartnerinnen und -partner. Die Frauen sprachen meist hastig und hielten ihre Beiträge kurz und knapp. Nur eine Studentin neigte zu längeren Monologen.

Die aktive Teilnahme von Studentinnen allein ist aber nur eine Chance und noch keine Garantie dafür, daß solche Frauen von ihren Kommilitoninnen und

Kommilitonen bzw. von den Lehrkräften als aktiv oder gar konstruktiv sprechend *wahrgenommen* werden.

In einem weiteren Seminar konnte während einer Vorstudie die Beobachtung gemacht werden, daß sehr aktive Frauen mit überdurchschnittlich vielen Beiträgen regelrecht ignoriert werden können. An diesem Seminar nahmen acht Studentinnen, sechs Studenten und ein Seminarleiter teil. Die Studenten initiierten 25 Beiträge, die Studentinnen 51, der Seminarleiter 40. Obwohl zwei Studentinnen in diesem Seminar auffällig öfter sprachen als ihre Kommilitonen, wurde das kaum wahrgenommen (siehe Tabelle 2). Ein Mann (M2) mit durchschnittlicher Gesprächsbeteiligung wurde dagegen von mehr Kommilitoninnen und Kommilitonen als viel sprechend wahrgenommen als eine Frau (W1), die sich mehr als doppelt so häufig engagierte wie M2.

Tabelle 2: Vergleich der Redehäufigkeit von Studierenden mit der Wahrnehmung der Redehäufigkeit

Vpn	Anzahl der Beiträge	Urteil der Teilnehmerinnen (w) und Teilnehmer (m)
W1	19	redete viel: 5x (3w, 2m) ist konstruktiv: 2x (1m, 1w)
W2	17	redete viel: 2x (1w, 1m) ist konstruktiv: 3x (2w)
W3	6	redete viel: 0 ist konstruktiv: 1x (1m)
M2	7	redete viel: 7x (4w, 3m) ist konstruktiv: 7x (5w, 2m)
M3	8	redete viel: 2x (1w, 1m) ist konstruktiv: 1x (1m)

4. Ausblicke

Zwei Seminare, die ich im Studienjahr 1993/94 beobachtete, fielen aus dem Rahmen des an der Universität üblichen. Es handelte sich um Germanistikseminare, welche von erfahrenen Hochullehrerinnen geleitet wurden. Der Studentinnenanteil war in beiden Seminaren ungewöhnlich hoch, in einem 100% in dem anderen 83%. In den Seminaren beteiligten sich ein Drittel der Frauen sehr aktiv. Darunter befanden sich Studentinnen, die in anderen Seminaren völlig schwiegen oder nur selten sprachen. Zurückhaltende Studentinnen wurden immer wieder ermuntert zu sprechen. Die Seminaratmosphäre wurde von den dazu schriftlich befragten Teilnehmerinnen als besonders offen und freundlich geschildert.

Eine Veränderung der kommunikativen Situation in Seminaren ist beim gegenwärtigen Stand der Dinge dringend notwendig. Im Komplex von möglichen Lösungen, wie: Seminare oder gar Hochschulen nur für Frauen, verstärkte Angebote zum Kommunikationstraining für Frauen und Männer, Sprecherziehungsunterricht nicht nur für Lehramtsstudentinnen und Lehramtsstudenten, Abbau der Vermassung und Anonymisierung der Universitäten, müssen wir die jeweils machbaren und wirksamsten herausfinden. Einen Anfang machen die Studentinnen, die in den Seminaren ihre Gedanken, Meinungen und Interessen kommunikativ zum Ausdruck bringen und die Hochschullehrerinnen, die immer wieder mit großer Energie schweigende Studentinnen zum Sprechen motivieren.

Anmerkungen

[1] Hier greife ich auf eine Formulierung von Kotthoff zurück, die diese "Unruhe im Tabellenbild" bei Untersuchungen beschrieb, in denen die Geschlechtszugehörigkeit der untersuchten Personen ignoriert wurde (Kotthoff 1992).

[2] Diese These beruht auf der Definition vom Geschlecht als sozialer Kategorie, die sich durch die Wirkung von geschlechtsbezogenen Überzeugungen, Erwartungen, Stereotypen auf Persönlichkeit, Rollenverhalten etc. in sozialen Interaktionen manifestiert (Bilden 1991).

[3] Siehe hierzu Tannen (1991), die davon ausgeht, daß Frauen und Männer mit so unterschiedlichen sozialen Intentionen kommunizieren und rezipieren, daß sie sich scheinbar einfach nicht verstehen können.

[4] Hier greifen die Mechanismen des Uni-Bluffs, wie sie Wagner (1977) skizziert hat.

[5] Besondere Bedeutung für den Vergleich erlangten die Berichte von Trömel-Plötz, Aries, Jenkins (alle in: Trömel-Plötz 1984) und Spender (1985) und die bundesdeutschen Untersuchungen von Bauer (1985), C. Schmidt (1988), Wagner u. a. (1981) im universitären Bereich.

[6] Es handelt sich hier um eine stark typisierte Beschreibung, die in den meisten Untersuchungen in einzelnen Punkten Widersprüche hervorgerufen hat, z. B. zwischen Thesen und Datenmaterial (Gräßel 1991), oder Datenmaterial und Interpretation (Schmidt 1988). Diese Charakterisierung versucht idealtypisch Verhaltenseigenschaften von Frauen in der Kommunikation in Zusammenhang zur weiblichen Geschlechtsrolle und deren traditionellen Stereotypen zu bringen.

[7] Daß Frauen Gründe haben zu schweigen oder sich zurückzuhalten, soll dabei nicht in Abrede gestellt werden. Schon Ende der siebziger Jahre wurde u. a. von Klann (1978) festgestellt, daß eine typisch weibliche Sozialisation im universitären Betrieb ein Nachteil ist. Fähigkeiten, Erwartungen und Bedürfnisse, die die jungen Frauen mitbringen, werden hier scheinbar nicht gebraucht, wie Kooperationsbereitschaft oder das Bedürfnis nach festeren sozialen Kontakten.

Literatur

Aries, E.: Zwischenmenschliches Verhalten in ein- und gemischtgeschlechtlichen Gruppen. In: Gewalt durch Sprache (Hrsg. Trömel-Plötz, S.), S. 114–126. Frankfurt/M. 1984

Bauer, B.: Gesprächsverhalten von Männern und Frauen in gleich- und gegengeschlechtlichen Interaktionen. Dissertation B. Dortmund 1985

Bilden, H.: Geschlechtsspezifische Sozialisation. In: Neues Handbuch der Sozialforschung (Hrsg. Hurrelmann, K., Ulich, D.), S. 279–301. Weinheim-Basel 1991

Gräßel, U.: Sprachverhalten und Geschlecht. Pfaffenweiler 1991

Jenkins, M.: Die Geschichte liegt im Erzählen: Ein kooperativer Kommunikationsstil unter Frauen. In: Gewalt durch Sprache (Hrsg. Trömel-Plötz, S.), S. 333–353. Frankfurt/M. 1984

Klann, G.: Weibliche Sprache – Identität, Sprache und Kommunikation von Frauen. In: Osnabrücker Beiträge zur Sprachtheorie 8, S. 9–62. 1978

Kotthoff, H.: Unruhe im Tabellenbild? In: Die Geschlechter im Gespräch (Hrsg. Günthner, S., Kotthoff, H.), S. 126–146, Stuttgart 1992

Schmidt, A.: Kommunikationsverhalten von Frauen in studentischen Kommunikationsgruppen. Diplomarbeit. Leipzig 1991

Schmidt, C.: Typisch weiblich – typisch männlich. Geschlechtsspezifisches Kommunikationsverhalten in studentischen Kleingruppen. Tübingen 1988

Spender, D.: Frauen kommen nicht vor. Sexismus im Bildungswesen. Frankfurt/M. 1985

Tannen, D.: "Du kannst mich einfach nicht verstehen". Gütersloh 1991

Trömel-Plötz, S.: Männlicher Stil – Weiblicher Stil. In: Gewalt durch Sprache (Hrsg. Trömel-Plötz, S.), S. 354–394. Frankfurt/M. 1984

Wagner, A. C., Stahl, C., Schick, H.-E.: Geschlecht als Statusfaktor im Gruppendiskussionsverhalten von Studentinnen und Studenten. In: Linguistische Berichte 71, S. 8–25, 1981

Wagner, W.: Uni-Angst und Uni-Bluff. Berlin 1977

JO E. SCHNORRENBERG

Ich als Sprechende(r) –

Dimensionen möglicher Rollenerfahrung

Bezeichnend erscheint es mir im Nachhinein, daß das Rahmenthema der Rauischholzhausener Tagung zuerst eine ambivalente Reaktion bei mir auslöste. Dort war vom "Spannungsfeld der Geschlechter" die Rede, und folgerichtig wurden in der Fragestellung beide Geschlechter angesprochen; dennoch hatte ich spontan verstanden, es sei nur die weibliche Rolle thematisiert und – mit Bezug auf die veranstaltende Gesellschaft – deren Probleme in der Alltagskommunikation. Einem verbreiteten "Glaubenssatz"[1] zufolge, daß derjenige das Problem lösen müsse, der es hat, konnte ich mir nicht so recht vorstellen, was mein Beitrag als Mann dazu sein könne, zumal es mir zugleich riskant schien insofern, als ein solcher Beitrag zu einem so verstandenen Thema als "typisch männlich" kritisiert, oder besser: diskriminiert werden könnte. Damit aber fand ich mich bereits im thematisierten Spannungsfeld wieder, in dem eben nicht selten vorgefaßte Meinungen die Positionen eher zu bestimmen scheinen als ermittelte Sachverhalte und reflektierte Zusammenhänge. Soweit diese persönliche Vorbemerkung.

Genähert habe ich mich dem Thema aus meiner fachlichen Perspektive, d. h. der eines psychotherapeutisch orientierten Sprecherziehers.[2] Dies führte zu einer Themenformulierung, in der alle verwendeten Begriffe hinlänglich bestimmt zu sein scheinen: ich, Sprechende(r), Rollenerfahrung. Wie sich zeigen wird, stehen diese Lexeme jedoch für Konzepte, die es lohnt, explizit zu machen.

In seinem – nach wie vor sehr lesenswerten – Aufsatz über "soziale Rollen als Sprechrollen" (Geissner 1960) thematisiert Hellmut Geissner das "ich", das nicht mit "naiver Sicherheit" angenommen werden könne. Sprecherziehung habe folglich nicht einfach "den Wesensklang der Stimme zum Klingen zu bringen"; er stellt vielmehr fest: "das, was wesentlich ist, kann nur durch die Sprechrolle klingen". Hier wird also ein Bezug hergestellt zwischen "ich" und "Rolle", den Ralf Dahrendorf (1977, 20) in seiner Darstellung des "homo sociologicus" in der These zuspitzt: "Der Einzelne ist seine sozialen Rollen". Für Hellmut Geissner sind soziale Rollen aber immer auch Sprechrollen, woraus sich für ihn folgerichtig ergibt, daß es kein rollenloses Sprechen geben kann.

Dem aus dem Vokabular des Theaters in die Sozialpsychologie entlehnten Begriff der "Rolle" kommt hiernach eine zentrale Bedeutung zu, wobei die genannte Herkunft ihm die Konnotation des "als-ob", des Unechten also, anhaften läßt; Hellmut Geissner nennt dies seine "merkwürdige Zwielichtigkeit" (1960, 194).[3]

Ehe nun jedoch diese sozialwissenschaftlich geprägte Bestimmung des "ich" und die daraus resultierenden sprechwissenschaftlich/erzieherischen Konzepte weiter verfolgt werden, sei noch einmal an die "naive Sicherheit" erinnert, mit der dieses "ich" intra- und intersubjektiv verwandt wird. Ken Wilber, einer der Begründer der sog. "Transpersonalen Psychologie" bezeichnet das "ich" als "ein Bild seiner selbst für sich selbst" (1987, 109), und weist damit auf den Artefaktcharakter dieses Konstrukts hin, das – metaphorisch formuliert – Grenzen in einer Landschaft bezeichnet, der solche Grenzen fremd sind. Da Wilbers Denken stark von fernöstlichen Traditionen und Weltbildern geprägt ist, sei in diesem Kontext eine andere Quelle zum gleichen Thema zitiert: Swami Muktananda (zit. n. Ray/Myers 1986, 210):

"It is when you become a man or a woman, a swami or a professor, a doctor or an engineer that the pure 'I' becomes the ego ... Because of ego, attachment, and delusion, people are blinded by their senses. They think that they are men or women, that they are five or six feet tall, and that this is their identity. With this understanding they perform their actions. They forget the truth. They forget that they were born in the city of the body to do some great work."

Hier wird das "ego" von einem "pure I" unterschieden, wobei die Hypostasierung des "ego" problematisiert wird, insofern es zu einem zentralen Element des je individuellen "belief systems" wird, und als solches die Selbst- und Fremdwahrnehmung steuert. Verbleibt die Frage, was dieses "pure I" dann sei.

In diesem Zusammenhang soll Toshihiko Izutsu (1984, 39) zu Wort kommen mit einem längeren Auszug aus seinem Aufsatz "Die Entdinglichung und Wiederverdinglichung der 'Dinge' im Zen-Buddhismus":

"Das Oberflächenbewußtsein sieht die Welt der empirischen Vielfalt als eine ontologische Ordnung, deren konstituierende Einheiten sich eindeutig und unüberholbar voneinander unterscheiden und einander entgegengesetzt sind. Strikt auf die Grenzen des eigenen Wesens beschränkt, ist jedes Ding massiv und undurchsichtig in dem Sinne, daß alle anderen Dinge von ihm ausgeschlossen sind. Das Ganze ist damit eine Welt der gegenseitigen ontologischen Behinderung aller Dinge. Demgegenüber sieht das Tiefenbewußtsein die gleiche empirische Welt völlig verwandelt. Es gibt keine ontologische Behinderung zwischen den Dingen mehr. Alle Dinge sind, da sie wesenlos sind, vollständig frei. Sie sind füreinander offen, unendlich durchscheinend. Früher waren die Dinge, mit dem Auge des Oberflächenbewußtseins gesehen, dunkel, undurchsichtig und standen sich gegenseitig im Weg. Jetzt, nachdem sie von ihren Wesensgrenzen entschränkt sind, sind sie in einem Zustand ontologischer Durchlichtetheit und Transparenz. Da sie wesenlos lichthaft und durchscheinend sind, durchsetzen sie sich ungehindert gegenseitig, so daß das ganze Universum als ein fein gesponnenes Gewebe einander durchdringender Lichtstrahlen erscheint."

Der Autor geht also vom Konstrukt eines zweidimensionalen Bewußtseins aus, einem Oberflächenbewußtsein und einem Tiefenbewußtsein. Ersterem kommt es dabei zu, Subjekt und Objekt zu polarisieren, wobei das Subjekt als "existentielles Zentrum der persönlichen Erfahrung" (S.19) ego-Charakter hat, und diesem eine, durch sich selbst bestehende äußere Wirklichkeit gegenübersteht. In dieser Hinsicht handelt es sich um ein "Bewußtsein von ...", worauf Sprache einen wesentlichen Einfluß hat, insofern sie zu einer Hypostasierung von Wortbedeutung führen kann. Toshihiko Izutsu spricht in diesem Zusammenhang von der "eidetischen Artikulation von Wirklichkeit" (S.29). In der hier zugrunde-liegenden Tradition des Mahayana-Buddhismus wird die Welt der Außendinge jedoch als Produktion dieses "Bewußtseins von ..." verstanden, als eine Art ontologischer Illusion also. Folglich, so führt Toshihiko Izutsu weiter aus, muß es zu einer "Entobjektivierung" der Welt kommen, die demnach auch ein "Bewußtsein von ..." erübrigt. In der Konsequenz entspricht dem eine "Entsubjektivierung", eine Annihilation des ego also. "Das bedeutet, daß die gesamte Subjekt-Objekt-Spaltung des Bewußtseins mit einem Schlag transzendiert werden muß" (S.22). Die Wirklichkeit erscheint dann in ihrer präobjektiven, unartikulierten Seinweise als Nichts oder Leere, wobei letzteres nicht negativ konnotiert zu verstehen ist, sondern als "grenzenlose Offenheit" (S. 28) und damit – paradox anmutend – als "ontologische Fülle" (S. 32). Diese nun – verstanden als eine Art metaphysischer Energie – entlädt sich in Verkörperungen auf der empirischen Ebene der Wirklichkeit (S.37). Deren Wahrnehmung jedoch wird als qualitativ unterschieden aufgefaßt von der ursprünglichen im Zustand der Subjekt-Objekt-Spaltung. "Das Tiefenbewußtsein hat auf diese Weise sozusagen ein Doppelfokus-Auge. Einerseits sieht es alle Dinge reduziert auf den ontologischen Zustand von Nicht-Wesenheiten, als 'Nichts'. Andererseits sieht es sie aber als individuelle Wirklichkeiten aktual existieren. Jedes Ding in der Welt wird zugleich unter diesen zwei einander widersprechenden Aspekten betrachtet" (S.35). Die Sprache hat dabei eine nicht-verwesentlichende Funktion der Benennung.

Dies kommt dem nah, was Ken Wilber in seiner Darstellung ein transpersonales Zeugenbewußtsein nennt, das "seine Identifikation mit allen seelischen, emotionalen und physikalischen Objekten aufhebt und damit übersteigt" (Wilber 1987, 172). Dieses ermöglicht eine "schöpferische Distanzierung" (S. 177), die wiederum einen qualitativ anderen Umgang mit den eigenen Rollen möglich macht. Damit werden Rollen für mich zu Ausgestaltungskonstellationen in einem Lebensspiel. (Auf die damit verbundenen Implikationen für das Verständnis des Authentizitätsbegriffs gehe ich an anderer Stelle kurz ein.)

So verstanden kommt es also gerade nicht zu einer Identifikation mit den Rollen, die Person ist eben nicht ihre Rollen. Ralf Dahrendorf weist in der zitierten Studie selbst auf den Zerrbildcharakter eines reifizierten "homo sociologicus" hin und schreibt: "Faktisch braucht der einzelne Soziologe mindestens jenes Rudiment eines Menschenbildes, das in einer nicht logischen, sondern anthropologischen Stellungnahme zum hypostasierten homo sociologicus steht" (S.109).

In Übereinstimmung mit der ausdifferenzierten Rollentheorie J.L. Morenos (Leutz 1974) soll "Rolle" in diesem Kontext nicht auf soziale Rolle reduziert aufgefaßt werden. "The theory of roles is not limited to a single dimension, the social. It carries the concept of roles through all dimensions of life" (Moreno 1964; zit. n. Leutz S.48). Für Moreno sind vier verschiedene Rollenebenen relevant: die somatische, psychische, soziale und transzendente. Dabei gibt es Konglomerate oder Rollencluster, die sich aus verschiedenen Partialrollen zusammensetzen, die ihrerseits zu unterschiedlichen Ebenen gehören.

Von hier aus möchte ich nun die Ausgangsfrage nach "typisch weiblich – typisch männlich" erneut in den Blick nehmen. Demnach wären beide Geschlechtsidentitäten auf allen vier Ebenen zu definieren. Im folgenden werde ich dies für die vierte Rollenebene tun. Hierzu erscheint mir die Zuhilfenahme eines weiteren Konstrukts sinnvoll, das des "Archetyps" bei C. G. Jung (1954), bei dessen Definition man "Exaktheit opfern und Verschwommenheit in Kauf nehmen muß", was aber unumgänglich ist, will man sich "der umfassenden Wirklichkeit der Seele stellen, die nicht meßbar ist" (Barz). C. G. Jung siedelte die Archetypen im kollektiven Unbewußten an. Sie sind zu verstehen als "allgemeinmenschliche, dynamische Strukturelemente in numinoser Zweideutigkeit", oder – wie Ken Wilber es formuliert (S.166) – "imaginative ... Grundarten der Realitätserfassung" die als solche transindividuell sind, aber sehr wohl auf individuelles und gesellschaftliches Leben einwirken.

Die hier thematisierte Polarität "weiblich – männlich" stellt solche Archetypen dar. Helmut Barz charaktersiert sie – in Anlehnung an C. G. Jung – folgendermaßen:

weiblich	männlich
(s. auch "Erd-/Mutter-Archetyp") assoziiert mit: unten, tief, dunkel, ...	(s. auch "Himmels-/Vater-Archetyp") assoziiert mit: oben, hoch, hell, ...
unbewußte Grundstruktur irdische Materie Nähe Emotion und Intuition zyklische Wandlung Konkretion sinnliche Hiesigkeit	Bewußtwerdung, Bewußtsein himmlischer Geist Distanz Ratio und Logik linearer Fortschritt Abstraktion spirituelle Jenseitigkeit
aber auch:	
nicht nur gebärend, sondern auch zerstörend nicht nur nährend, sondern auch verschlingend bewußtloses Kreisen um sich selbst sinnlose Wiederkehr des Gleichen Macht, Passivität, Wahnsinn	jähzornig und sadistisch Hybris und Erstarrung Tyrannis Spaltung

In Erweiterung des Untertitels der Tagung kann man davon sprechen, daß ein Kulturkeis, bzw. eine Gesellschaft im Spannungsfeld dieser Archetypen steht, diese Spannung also den "Zeitgeist" bestimmt, den Helmut Barz versteht als ein "kollektiv-seelisches Phänomen, das auf archetypischen Grundlagen beruht." Er betont in diesem Zusammenhang den überlebensnotwendigen Dominanzwechsel vom männlichen zum weiblichen Archetyp nach einer kulturgeschichtlichen Abwertung und Verteufelung des Weiblichen. Der tiefenpsychologischen Annahme zufolge, daß alles Verdrängte wiederkehrt, wäre dies eine folgerichtige Entwicklung, die zu einem "spielerisch-labilen Gleichgewicht" führen sollte und könnte.

Von den analogen archetypischen Konstrukten der "anima" und des "animus" wird angenommen, daß jede Person – unabhängig vom biologischen Geschlecht – im Zuge ihrer Reifung an beiden partizipiert. Damit ergibt sich wieder eine mögliche Folgerung für die Frage nach der Bedeutung dieser Polarität für die Sprecherziehung, soweit diese sich versteht als eine pädagogische Optimierung mündlicher Kommunikation. Entsprechend einer Charakteristik des Gemeinsamen von Kunst und Therapie, die Adolf Muschg (1981, 198) formuliert, ließe sich auch von Pädagogik sagen: es "bleibt aber ein Drittes greifbar, das Literatur und Therapie an ihrer gemeinsamen magischen Quelle das Erste gewesen sein muß: der Sinn für das Gleichgewicht in einem beweglichen und bewegungsbedürftigen, kurzum lebendigen Sozialsystem. Es hat Festigkeit nötig, aber auch Grenzüberschreitung; Regeln und Regelverstoß; Geborgenheit und Befreiung. Das Lebenswichtigere von beiden ist immer dasjenige, das bedroht ist oder fehlt." Eine sich daran orientierende Sprecherziehung hat eine Gegensteuerungsaufgabe und kann sich nicht damit begnügen, eine "mainstream"-Rhetorik zu vertreten. Was aber heißt das konkret? Beinhaltet dies – den sog. feministischen Konzeptionen bestimmter wissenschaftlicher Disziplinen entsprechend – nun eine "feministische Rhetorik"? Sie würde vermutlich zwar einen Dominanzwechsel, nicht aber ein Gleichgewicht anzielen.

Tatsächlich zeigte sich in einer Untersuchung unter TeilnehmerInnen an Volkshochschulkursen zur rhetorischen Kommunikation (Schnorrenberg 1995)[4], daß Teilnehmerinnen und Teilnehmer so gut wie unterschiedslos ein Begriffsverständnis von "Rhetorik" teilten, das diese in enger semantischer Nachbarschaft zum Begriff "Kampf" ansiedelte. Dabei stellten sich jedoch die Teilnehmerinnen – im Gegensatz zu den Teilnehmern – in einer Selbstcharakterisierung als wesentlich unkämpferischer dar, erwarteten also eine Befähigung zu dieser Art von Kampfrhetorik.

Gegensteuerung beinhaltet in diesem Zusammenhang die Aufgabe, einen Paradigmenwechsel zu induzieren: von einem "Gewinner-Verlierer"-Paradigma zu einem "Gewinner-Gewinner"-Paradigma, dessen Leitwert der einer synergetischen Kokreativität ist. Jürg Willi (1985, 143) bemerkt hierzu in seinem Buch "Koevolution":

"In jenen Bereichen, in denen ich selbst ein Teil eines gemeinsamen Systems bin, schädige ich mich durch Unterdrückung des Partners genauso wie ihn. Eine Grundhaltung, welche auf Maximierung der eigenen Selbstbehauptung und des Sich-Durchsetzens ausgerichtet ist, wird in jedem Fall die Beziehung degenerieren lassen. Entweder sind beide Verlierer oder beide Gewinner."

Nicolás Gómez Dávila (1992, 39) spitzt diesen Gedanken zu in der Formulierung: "Die unfehlbare Art zu gewinnen ist verheerender als jede Niederlage." Und "main-stream"-Rhetorik, d. h. eben Kampfrhetorik, ist – im Spiegel von Nachfrage und Angebot – die Anleitung zum unfehlbaren Gewinnen, um den Preis der sich daraus ergebenden Konsequenz paranoider Ängste und deren wiederum notwendiger Kompensation im Sinne einer "Logik der Abschreckung"[5]. Selbstverständlich ist damit nicht eine Tabuisierung problembezogenen Streitens gemeint zugunsten einer artifiziellen Harmonie, vielmehr erfordert es eine neue Qualität von Streitkultur.

Dies muß und kann nun zurückbezogen werden auf die Zielbestimmung und Methodik kommunikationspädagogischer Konzepte für die verschiedenen Bereiche der Erwachsenenbildung, wenn anders es nicht unverbindlich und folgenlos bleiben soll. Für die Wirtschaft hat Michael Ray bei einem "Roundtable on Transformational Management" 1990 in Lausanne (unveröffentl. Vortragsmanuskript) eine kontrastive Charakteristik des alten und neuen Paradigmas formuliert :

old paradigm	new paradigm
short-term goals	corporate and individual vision
rigid culture	flexible culture
product orientation	market orientation
internal (on the company) focus	external focus
regional emphasis	global emphasis
management direction	employee empowerment
procedural bias	risk bias
analysis only	creativity: analysis x intuition
competition only	cooperation, co-creation, contribution
aggressive values	harmony, trust, honesty, compassion

An anderer Stelle faßt Michael Ray dies für das neue Paradigma folgendermaßen zusammen (unveröffentl. Vortragsmanuskript World Business Academy Retreat 1989):

"A new paradigm business is a community when it is safe, inclusive and accepting, allows individuals to bring out both their light and dark aspects, is responsive to spirit, allows disagreements and conflicts with grace, fosters many kinds of love, honors both speech and silence, and permits everyone in it to be leaders."

Begriffe wie "harmony, trust, honesty, compassion" müssen – gerade bezogen auf die Wirklichkeit des Wirtschaftslebens – realitätsfern und sozialromantisch erscheinen. Äußerungen führender Konzernmanager – wie Michael Ray sie aus den USA zitieren kann – weisen jedoch überraschend darauf hin, daß solche Qualitäten nachweislich nicht zuletzt die Effektivität im Arbeitsprozeß steigern, vornehmlich durch die damit verbundene Aktivierung von Kreativitätspotentialen. Diese letztlich alte und evidente Einsicht wird dadurch nicht falsifiziert, daß sie in regelmäßigen Abständen von Sozialdarwinisten und -technokraten totgesagt wird; auch läßt sie sich nicht – aus entgegengesetzt ideologischer Perspektive – dadurch diskreditieren, daß jede Optimierung der Effektivität als ausbeutungsverdächtig interpretiert wird. Die Induktion eines solchen Paradigmenwechsels ist pädagogisch allerdings nicht zu leisten durch eine ausschließlich kognitive Vermittlung elaborierter Theoreme oder das Praktizieren eines Sets von sprecherzieherischen Standardübungen aus dem – im Gegensatz zur sprechwissenschaftlichen Differenziertheit – eher beschränkt anmutenden Übungsinventar. Sie läßt sich vielmehr nur anbahnen in einem Prozeß experientiellen Lernens[6], in dem die/der Lehrende zum Modell wird. Entsprechend dem von Robert Dilts – im Kontext des NLP-Modells – formulierten Slogan "the meaning of your communication is always the answer you get", dem Grundsatz also, daß die ausgelöste Wirkung über die Qualität kommunikativer Handlungen entscheidet, gilt es bei der Ausgestaltung der Rolle der/des Lehrenden, die sozialisationsbedingten Erwartungen von TeilnehmerInnen zu berücksichtigen. Das bedeutet vorrangig, die bei effektivem Lernen unausweichlich ausgelöste und für ein solches Lernen unvermeidlich notwendige Labilisierung der/des Lernenden so zu dosieren, daß sie von dieser/diesem kompensiert und – im gelungenen Fall – auf einer höheren Entwicklungsstufe stabilisiert werden kann.[7] Der hierzu notwendige "Rollentausch" erfordert eine entsprechende Empathiefähigkeit, die ihrerseits ein Charakteristikum des archetypisch Weiblichen ist. Die Rollenausgestaltung ist also konsequenterweise eine psycho-soziale Kompromißbildung im Spannungsfeld zwischen Konformitätsdruck, Spontaneität und Kreativität. Authentizität – will sie nicht verwechselt werden mit narzißtischer Autarkie – wird dann zur Qualität einer bewußten, verantworteten Kompromißbildung in eben dieser Rollenausgestaltung, die als solche der genannten Modellfunktion gerecht werden kann.

Damit könnte sprecherzieherische Arbeit einen wesentlichen Beitrag leisten zur Anbahnung des dargestellten Paradigmenwechsels, auf daß "Männliches und Weibliches zur Gleichung kommen, oder besser: zur Balance, indem die Gegensätze sich nicht bekämpfen, sondern sich zur Ganzheit ergänzen." (Barz)

Brigitte Dorst (1994, 45) nennt in einer Auflistung von Werten und Orientierungen, die charakteristisch für eine "neue Beziehungskultur von Frauen und Männern" sein sollen, unter anderem:

* "Anerkennen der eigenen Bedürftigkeit und Notwendigkeit zur Änderung,
* Spontaneität und emotionale Ausdrucksfähigkeit, Nähe, Wärme und Zuneigung im Geschlechterdialog,

* eigene Anima- und Animusanteile leben und zur Entfaltung bringen im Sinne der psychischen Ganzwerdung beider Geschlechter,
* flexibel, situationsadäquat Führung übernehmen und Führung anderen zugestehen können, unabhängig vom Geschlecht,
* Teilen von existentiell bedeutsamen Erlebnissen, von Sinnerleben und spiritueller Erfahrungen."

Und sie erinnert an ein Wort von Martin Luther King:
"Wenn einer träumt, ist es ein Traum, wenn viele träumen, dann wird es Wirklichkeit."

Anmerkungen

[1] Zur Bedeutung und Funktion von "Glaubensätzen", bzw. "belief systems" innerhalb des Neuro-Linguistischen Programmierens (NLP) s. Robert Dilts (1991).

[2] Die therapeutischen Implikationen sprecherzieherischer Arbeit und deren Konsequenzen sind anhand eines Beispiels dargestellt u. a. in: Jo E. Schnorrenberg (1988).

[3] In einem qualitativen Gegensatz dazu versteht sich der in der Humanistischen Psychologie zentrale Begriff der Echtheit, bzw. Authentizität; eine provokativ-kritische Auseinandersetzung hiermit findet sich in Richard Sennett (1986)

[4] Da es sich nicht um eine repräsentative Stichprobe handelte, haben die zitierten Feststellungen nur eine beschränkte Aussagekraft.

[5] Dies ist der Titel eines Textes von Dieter Wellershoff (1983), dem die folgenden Zeilen entnommen sind:
"... beide sagen: Deine Drohung gibt mir ein Recht zu drohen,
denn sonst, weiß ich, wirst du deine Drohung wahrmachen.
Ich muß drohen, weil du drohst,
muß drohen, meine Drohung wahrzumachen,
damit du deine nicht wahrmachst.
Ich bin bereit, meine Drohung wahrzumachen,
weil du bereit bist, deine Drohung wahrzumachen.
Und keiner kann behaupten, er drohe nicht,
seine Drohung wahrzumachen,
weil das keine Drohung wäre.
Man muß die Drohung wahrmachen können und wollen
jederzeit ...
Die Drohungen, die sich gegenüberstehen,
wie das Spiegelbild des Spiegelbildes
kommen nicht mehr voneinander los,
während sie wachsen und immer bedrohlicher werden."

[6] Eine praxisnahe Darstellung gestaltpädagogischer Konzepte experientiellen Lernens findet sich in Gerhard Fatzer (1987).

[7] Diese Feststellungen sind kognitionsbiologischen Konzepten entnommen, wie sie Humberto Maturana (1985) entwickelt hat.

Literatur

Barz, H.: Zeitgeist und Dynamik des Unbewußten. Unveröffentlichtes Vortragsmanuskript

Dahrendorf, R.: Homo sociologicus. Opladen 1977[15]

Dilts, R.B.: Identität, Glaubenssysteme und Gesundheit. Paderborn 1991

Dorst, B.: Gruppendynamik als Einübung einer neuen Beziehungskultur im Verhältnis der Geschlechter. In: Gruppendynamik, S.39–46, 1/1994

Fatzer, G.: Ganzheitliches Lernen. Paderborn 1987

Geissner, H.: Soziale Rollen als Sprechrollen. In: Kongreßbericht der Gemeinschaftstagung für Allgemeine und Angewandte Phonetik, S.194–204, Hamburg 1960

Gómez Dávila, N.: Auf verlorenem Posten. Wien 1992

Izutsu, T.: Die Entdinglichung und Wiederverdinglichung der "Dinge" im Zen-Buddhismus. In: Japanische Beiträge zur Phänomenologie (Hrsg. Nitta, Y.), S. 13–40. Freiburg/München 1984

Jung, C. G.: Von den Wurzeln des Bewußtseins. Zürich 1954

Leutz, G.: Psychodrama. Berlin/Heidelberg/New York 1974.

Maturana, H. R.: Erkennen: Die Organisation und Verkörperung von Wirklichkeit. Braunschweig/Wiesbaden 1985[2]

Muschg, A.: Literatur als Therapie? Ein Exkurs über das Heilsame und das Unheilbare. Frankfurter Vorlesungen. Frankfurt/M. 1981

Ray, M., Myers, R.: Creativity in Business. New York 1986

Schnorrenberg, J. E.: Das sprecherzieherische Gespräch. In: Das Selbstverständnis des Therapeuten im Kommunikationsprozeß (Hrsg. Lotzmann, G.), S.61–83. Stuttgart – New York 1988

Schnorrenberg, J. E.: Rhetorische Kommunikation als Gegenstand von Erwachsenenbildung. Erwartungen und Versprechungen in illusionärer Komplementarität. Erscheint 1995

Sennett, R.: Verfall und Ende des öffentlichen Lebens. Die Tyrannei der Intimität. Frankfurt/M. 1986

Wellershoff, D.: Frankfurter Hefte Nr. 38. Heft 6, 1983

Wilber, K.: Wege zum Selbst. München 1987

Willi, J.: Koevolution. Reinbek 1985

EDITH SLEMBEK

Frauenstimmen in den Medien

1. Stimme als Ausdruck gesellschaftlicher Klischees

Viele Gesellschaften – auch die abendländischen – organisieren ihre Aufgabenverteilung entlang der Geschlechterdifferenz: Auf diese Weise entsteht eine "Zweiklassengesellschaft", die "... nur Männer und Frauen vorsieht und die zwingt, entweder Mann oder Frau zu sein" (Tyrell 1989, 70). Diese Klassifikation hat weitreichende Konsequenzen "wenn das Auge einmal dafür geschult ist, wenn der anatomische Geschlechtsunterschied als wichtig aufgefallen ist, dann gilt eine ... ausgeprägte Eindeutigkeit des die beiden Menschensorten trennenden Merkmals" (S. 73). Die klare Identifizierbarkeit der geschlechtlichen Klassenzugehörigkeit wird nun häufig verbunden mit Plausibilitätsargumenten, die bestimmte Rollenübernahmen legitimieren: Etwa die biologische Tatsache, daß Frauen Kinder gebären und stillen wird oft verbunden mit der Wahrnehmung von Wärme, Emotionalität. Kinder gebären und stillen dient/e zur Ausgrenzung von Frauen aus beruflichen Feldern. Wärme und Emotionalität stützen die Idee, Frauen seien weniger geeignet für anspruchsvolle Tätigkeiten. Ihre gleichsam "natürliche" Aufgabe ist ja die Brutpflege und -aufzucht. Was gesellschaftlich als "natürlich" erkannt ist, dient gleichzeitig als Grundlage für die Sicht und Interpretation der Lebenswelt. Dieser Differenz werden weitere Verhaltenskomplexe zugeordnet, etwa im Sinne der Arbeitsteilung, die dann als genuin weibliche bzw. männliche Tätigkeiten erkannt werden.

Die Natur, die in diesem Zusammenhang so gerne bemüht wird, ist nicht so rigoros in ihrer Zuteilung und versieht Frauen immer auch mit männlichen Anteilen, Männer mit weiblichen. Soll aber eine Gesellschaft, deren Arbeitsteilung auf der geschlechtlichen Zweiklassengesellschaft basiert funktionieren, dann muß sie eine klare Geschlechtsidentität herausbilden. Das ist Aufgabe der Erziehung. Nach Goffman geschieht das, indem das Kind von Anfang an dazu erzogen wird, auf die eigene Geschlechtsgruppe zu referieren und sich am Idealbild der männlichen oder der weiblichen Klasse zu orientieren (Goffman 1974, 304). Gelingt diese Identifikation nicht oder nur teilweise, muß sich z. B. die Frau als `Mannweib`, der Mann als `weibisch` etikettieren lassen – beide müssen mit negativen Sanktionen rechnen. Ich habe mich an anderer Stelle ausführlicher darüber geäußert (Slembek 1991), hier scheint mir wichtig festzuhalten: Wir alle haben gelernt, die Differenz Frau:Mann als gegeben anzusehen und bauen darauf zahlreiche unserer gesellschaftlichen Wahrnehmungsmuster und Klischees auf.

Nun gibt es immer eine Reihe von Frauen (und Männern) die diese Form der Arbeitsteilung (Frau ins Haus, Mann ins feindliche Leben) nie akzeptiert haben. Oft handelt es sich um Frauen mit einer hochqualifizierten Ausbildung, die bereit sind, Positionen zu übernehmen und auch dafür zu kämpfen. Hier ist genau die Konfliktstelle. Solange Frauen mit den ihnen zugewiesenen Positionen – sei es im Haus, sei es in untergeordneten Berufen – zufrieden sind, ist die Art der Aufgabenteilung nicht in Gefahr. Die höheren Berufe sind Sache der dominanten Männergruppe. Folglich ist auch die Frauenstimme nach Krasner et al. (1984) solange kein Hindernis, als die Frau tatsächlich einen beruflich niedereren Status hat als der Mann. Erst wenn Frauen in die Arbeitsfelder der dominanten Gruppe einzudringen drohen, wenn also die gewohnten Wahrnehmungs- und Interpretationsmuster in Gefahr geraten, kommt es zu Konflikten. Manche Unternehmen erklären, daß Frauen Zugang zu höheren Positionen erhalten sollen. Ich denke, das ist eine rationale Entscheidung, deren Ernsthaftigkeit und Aufrichtigkeit nicht in Frage gestellt werden soll. Zugleich berührt diese Entscheidung eine über Generationen nahezu unbefragte Bewertung und Zuteilung von Rollen und Status.

Im Vergleich zu früher hat sich im Zugang zu Positionen für Frauen sicherlich etwas verändert – aber hat sich dabei etwas an der Bewertung und am Status geändert? Frank (1992, 76) meint, für Frauen sei etwas hinzugekommen: Neben ihren traditionellen Rollen als Hausfrau und Mutter, die sie nahezu ungebrochen auszufüllen haben, könnten sie jetzt gegebenenfalls auch eine Berufsrolle einnehmen. Die Umkehrung, daß für Männer etwas hinzugekommen sei, nämlich ihre traditionellen Rollen auszufüllen und sich um Haushalt und Kinder zu kümmern, läßt sich nicht so eindeutig feststellen. Auch im Bereich Status hat sich wohl etwas geändert: Sobald Frauen ein ehemals männliches Berufsfeld dominieren, wird es abgewertet: Beispiele dafür sind etwa der Sekretär, das Volksschulwesen bei uns, Ärztinnen in Rußland. In Deutschland werden inzwischen über 50% der Apotheken von Frauen geleitet – der Beruf ist heute, wenn auch aus einem ganzen Bündel von Gründen – mit geringerem Prestige besetzt.

Der Status von Frauen läßt sich auch an ihrer Sprache und an ihrem Sprechen ablesen. In einer Reihe von Untersuchungen wurde gezeigt, daß Frauen mehr Fragen stellen als Männer. Nun sagt eine "Weisheit" in Unternehmen: Wer fragt, führt. Bei genauerem Hinsehen stellt sich allerdings heraus, daß Frauen insbesondere solche Fragen stellen, die für das Klima in gemischten Gruppen sorgen, die Themenvorschläge zur Diskussion stellen, die die Themen von Männern unterstützen. Anders verhält es sich, wenn es darum geht, Einfluß auf die zu bearbeitenden Inhalte zu nehmen. Pearson/West stellen fest, daß Frauen signifikant weniger Fragen stellen, wenn es sich um das Vorantreiben von Inhalten handelt. So werden in der Unterrichtssituation, wird diese von einem Mann geleitet, 49% der Fragen von Männern gestellt, aber nur 22% von Frauen (1991, 28). Wird die Gruppe von einer Frau geleitet, dann stellen Männer erheblich weniger Fragen, Frauen etwas mehr als unter männlicher Leitung. Das hänge damit zusammen, daß Leiterinnen als weniger kompetent wahrgenommen werden. Außerdem stellen sie einen Zusammenhang fest zwischen der Häufigkeit von Fragen und der Selbstzuschreibung von Männlichkeit (Stereotype wie Unabhängigkeit, Ausdauer, Selbstvertrauen). "Männliche" Männer stellen mehr Fragen. Diese Ergebnisse bestätigen nach Pearson/West die Existenz einer männlichen Kultur in der höheren Bildung (S. 29). Nimmt man das Frageverhalten als einen Faktor von "Status", dann zeigt sich, daß derjenige von Frauen geringer ist, daß sie aber auch weniger beanspruchen, wenn es um Einfluß auf die Inhalte geht.

Vielfach schreibt man Frauen auch aufgrund ihrer Stimmen wenig Status zu – etwa wenn sie sich habituell außerhalb ihres Normalsprechtonbereichs bewegen. Das gilt aber auch dann, wenn sie in ihrem Normalbereich sprechen. Stimme erweist sich auch hier als Indikator für soziale Wahrnehmung. Stimmen sind nicht nur kulturell überformt, sondern unterliegen auch Stimmoden. So deutet sich z. B. in der stimmlichen Entwicklung der letzten 100 Jahre "eine Tendenz zum allmählichen Tieferwerden der durchschnittlichen Stimmhöhen an" (Herbst 1968). Der generelle Tonhöhenbereich in Gesprächen hat sich bereits bis Mitte der 60er Jahre bei Frauen und Männern um eine kleine Terz gesenkt. Das ist umso erstaunlicher, als sich in derselben Zeit die Tonhöhe in der Musik verändert hat, der Kammerton a ist von 432 hz auf 440 hz gestiegen.

Sowohl Moses als auch Arnold (beide 1956) hören schon Ende der 50er Jahre eine Senkung der Grundtonhöhe um etwa eine Quint bei denjenigen amerikanischen Frauen, die im öffentlichen Leben tätig sind. Arnold setzt diese Beobachtung in Beziehung zu einer "Vermännlichung" der Frau, die danach trachte, die tiefere männliche Stimmlage zu imitieren (Arnold 1956, 487). Die "natürlichen" Sopranstimmen würden dort als "kreischend, keifend, schrill oder spitz" empfunden und gälten als höchst anwidernd, während das durchschnittliche europäische Ohr die gleichen Sopranstimmen für natürlich halte.

Unter diesem Blickwinkel ist es ausgesprochen interessant, die deutschen Synchronstimmen amerikanischer TV-Serien mit ihren Originalstimmen zu vergleichen. Auffällig ist z. B. die Stimme von Rose aus den "Golden Girls". In der deutschsprachigen Fassung hat sie eine deutlich überhöhte Stimme, erreicht kaum je ihren Normalsprechtonbereich; die Stimme gelangt in solche Höhen, daß sie gelegentlich wegbricht. Im Verhältnis zu den anderen Frauen der Serie ist sie extrem melodiös. Als Typ steht sie für das Dummchen, das Naivchen, das nie etwas versteht und andere damit nervt. Ihre Stimme im amerikanischen Original klingt für mein europäisches, vorsichtiger: deutsches, Ohr "ganz normal". Sie ist deutlich tiefer als die Synchronstimme, ist aber auch im Original deutlich melodiöser als die ihrer drei Mitbewohnerinnen. Ob das, was für mein Ohr ganz normal klingt, im Amerikanischen schon Ausdruck für dümmlich, naiv ist, kann im Augenblick nicht beantwortet werden. Einen Hinweis gibt v. Fragstein, der auf die sprachlich-sprecherische coolness der Yuppies verweist, die ein Ausdruck des immer stärker nach Europa importierten American way of life sei, dem Statusdiktat von "fun" und "action" unterworfen (1991, 41). Coolness verweist keinesfalls auf hohe, sehr melodiöse Frauenstimmen.

Was immerhin festgehalten werden kann ist, daß nur etwa 30 % der Wirkung einer Sprecherin oder eines Sprechers durch Wörter oder Sätze, also verbal, ausgelöst werden. Die restlichen 70 % werden durch das WIE des Sprechens ausgelöst – also paraverbal und extraverbal. Auf den stimmlichen Ausdruck bezogen heißt das z. B., die Wirkung von Autorität, Objektivität, von vertrauenerweckend und glaubwürdig (Geissner 1991a, 87) entsteht in den Hörenden durch die tiefe Stimme (auf berufsgruppenspezifischen Stimmausdruck wird hier nicht eingegangen), die zusätzlich im Normalsprechbereich auf etwa eine Terz (zu Sprechstimmumfang vgl. Geissner 1984, 30 – 32) eingeschränkt wird. Das ist die männliche Stimme. Frauen erreichen diese Tiefe nie. Sie werden als expressiver wahrgenommen, vermitteln aber kaum Autorität und lösen Stereotype von "emotional" und "trivial" aus. Hören von weiblichen Stimmen heißt dann gleichzeitig, der Inhalt ist nicht so ernst zu nehmen. Für die Medienmächtigen in den USA scheint das bewiesen. Sie engagieren kaum Reporterinnen und können das auch begründen: "Die Leute wollen keine Frauenstimmen, wenn es um ernsthafte Dinge geht" (Valentine/Demian 1988, 53). Worauf sie das Urteil stützen, bleibt im Nebel. In Großbritannien durften Frauen noch 1973 keine Nachrichten lesen. Als Begründung hieß es, man würde "... ihnen nicht abnehmen, daß ein Krieg ausgebrochen sei ..." (Schumacher 1988, 134). Im Bereich Nachrichten gilt das auch für Deutschland. Schneider/Schönbach stellen fest, "die übergroße Mehrheit, nämlich drei Viertel, aller Journalisten in Westdeutschland sind Männer". Besonders wenige Frauen arbeiten bei den Nachrichtenagenturen (19 %). In Amerika sind die "news-rooms" des Fernsehens offensichtlich Männerdomänen geblieben. Der Anteil der Frauen ist hier noch etwas niedriger als in westdeutschen Fernsehredaktionen. Im deutschen Hörfunk gibt es nach Schneider/Schönbach einen Anteil von 22 % Frauen (Publizistik, 1/93, 10).

Etwa 70 % der Wirkung entstehen, wie gesagt, durch das WIE des Sprechausdrucks. Hier sind Frauen und Männer mit der historischen Rolle der Frau konfrontiert. Die Frau als machtloses, aber schönes, begehrenswertes Dekor, konnotiert mit Kind, niedrigem Status und von Erwachsenen abhängig. Solange sie diesen Anforderungen entspricht, gelten auch die ritterlichen Höflichkeitsfloskeln. Gegen solche fest verankerten Wahrnehmungsmuster müssen Frauen immer wieder ankämpfen, wenn sie Positionen einnehmen wollen. Sie müssen es Männern gegenüber, sie müssen es aber auch anderen Frauen gegenüber, schließlich müssen sie es sich selbst gegenüber. Mindestens seit den 70er Jahren rät man Frauen im Management, doch lauter zu sprechen, damit die Stim-

me Raum greife. Vor allem mögen Frauen achten auf "... ungerechtfertigtes Heben am Satzende, bei Aussagen, hinter denen sie stehen. Sollten Sie diese un-
angebrachte Fragezeichen-Betonung am Satzende öfter machen, üben Sie den
folgenden schönen Satz: Der Vater sagt, du bleibst zu Haus!" (Schlüter-Kiske
1987, 45) (Ein Kommentar hierzu erübrigt sich wohl!). Mit dem "Lauter-Spre-
chen" scheinen Frauen in der Tat von ihrer Sozialisation eingeholt zu werden:
"Oft habe ich erlebt, daß Teilnehmerinnen, die übten, mit lauterer Stimme
zu sprechen, sich selbst als viel zu laut, als überzogen empfanden" (S. 44). Als
das lautere Sprechen nichts nützte, hat man Frauen geraten, nicht nur "dress for
success", sondern auch tiefere Stimmen zu kultivieren, damit Autorität auszudrücken, die Stimme zu projizieren, damit sie Raum greife. Genau das aber
widerspricht der weiblichen Erziehung in der Mittelschicht. Diese "... stützt das
Image weiblicher Perfektion; denn es setzt voraus, daß 'nette Mädchen' immer
gelassen, kontrolliert und ruhig sind, daß sie nie Theater machen, nie laut oder
autoritär sind, sie sind weder aggressiv noch ärgerlich und machen keine
Schwierigkeiten; es impliziert auch, daß es solche Mädchen gibt und daß es er-
strebenswert ist, so zu sein" (Brown/Gilligan 1994, 74). Die Folgen zeigen sich
später: Frauen der westlichen Kultur zeigen, "... in ihrer Stimme Verzicht, Versagung, Enttäuschung. Vor allem aus Verzicht, aber auch aus Wut und Furcht
sind Stimmspannungen entstanden. Die Stimme wirkt hoch und gepreßt bei
verengtem Ansatzrohr. Der Vorwurf im Verzicht führt zu Melodiearmut und geringem Stimmumfang. Durch die erzwungene Überfunktion wird die Intensität
starr" (Ptok 1991, 139).

2. Welche Stimmen hört man in Rundfunk und Fernsehen?

In den folgenden Überlegungen geht es um solche Stimmen, die in Rundfunk und Fernsehen zu Gehör kommen. Auch sie sind Moden unterworfen –
v. Fragstein spricht etwa von den "kompensatorischen Klischees emotionaler Spontaneität, die uns die Medienbranche verkauft" (1991, 41). Wie sehen
die Stimmoden in Informationssendungen aus? Das sind sicherlich nicht
die, die von Arnold als Normalstimme der europäischen Frau (der "natürliche Sopran") benannt werden. In Rundfunk und Fernsehen ist auch die im
Bereich des Mezzosopran liegende Stimme eher selten, es ist aber auch
nicht die Altstimme, obwohl die "Medienstimme" die größten Gemeinsamkeiten mit der letzteren hat. Bei der Altstimme liegt der relative Indifferenzton etwa bei g in der kleinen Oktav und tiefer: die mittlere Altstimme liegt
ungefähr bei as, a, b. Nach Moses ist das bei Frauenstimmen der seltenste
Stimmtyp, ebenso selten, wie bei Männern der Tenor, zumindest in unseren Breiten. Der Tenor reicht mit seinem Sprechstimmumfang weit in die
Stimmregister von Frauen, dieser Stimmtyp ist in den Medien kaum zu hören.
Geissner stellt fest, daß es "... keine einzige tenorale männliche Nachrich-

tenstimme gibt" und entsprechend keine weibliche Sopranstimme (Geissner 1991, 87, 88). Offensichtlich gelten die beiden Stimmtypen als ungeeignet für die Medien.

Die häufigste weibliche Stimme in Informationssendungen liegt bei g und tiefer. In einer Untersuchung habe ich 14 Frauenstimmen aus Informationssendungen per Computer analysieren lassen. Dabei zeigt sich, daß die Frauenstimmen am Mikrophon bis dis absinken. Sie liegen damit zwei ganze Töne tiefer als der relative Indifferenzton g der Altstimme und eine Terz bis eine Quart tiefer als die mittlere Altstimme. Das bedeutet, sie haben große gemeinsame Bereiche mit den männlichen Registern, sogar noch mit dem Baß. Was die Tonhöhe betrifft, kann man also feststellen, daß in Informationssendungen vorwiegend die virilisierende, auf möglichst viele maskuline Elemente verweisende Frauenstimme zu hören ist.

Geht man davon aus, daß die weibliche "Mikrophonstimme" immer noch vorwiegend von Männern ausgesucht wird, dann könnte man bei dem Gedanken verweilen, wieso sucht Mann männliche Stimme bei Frau, wenn es um die Vermittlung von ernstzunehmenden Inhalten geht? Darum soll es aber jetzt nicht gehen.

Stimme ist jenseits von Kehlkopfbau und Länge, Breite und Dicke der Stimmlippen sowohl ein Modephänomen als auch Ausdruck kultureller Normen. Gleichzeitig wird Stimme als Ausdruck der Persönlichkeit betrachtet. Wandelt sich Stimmausdruck also innerhalb einer Kultur, dann wird zu unterschiedlichen Zeiten das gleiche stimmliche Merkmal mit unterschiedlichen Persönlichkeitszuschreibungen verbunden. Zur Zeit schreiben wir der überhöhten Frauenstimme, die zugleich eher leise ist, Unsicherheit zu, aber auch Infantilität, vielfach wird das "Kindchenschema" ausgelöst. Das gilt für unseren kulturellen Rahmen. Für die Japanerin etwa ist die für unsere Ohren sehr hohe Frauenstimme der normentsprechende und adäquate Ausdruck für Frauen. Wenn man weiß, daß die Japanerin von Karriere weitgehend ausgeschlossen ist, könnten wir mit unseren europäischen Bewertungsmaßstäben sagen "kein Wunder!" Hören wir dagegen die Stimme der schwarzen Amerikanerin, fällt auf, daß sie, metaphorisch ausgedrückt, nahezu ausschließlich mit "dunkler Bruststimme" spricht, sie erreicht daher die Tonhöhe der Japanerin im allgemeinen überhaupt nicht. Der Schluß allerdings, die schwarze Amerikanerin vermittle Autorität und Status mit ihrer Stimme, ist bekanntlich nicht erlaubt. Der Ausgangspunkt der Überlegung war, daß wir der überhöhten Frauenstimme Unsicherheit und Infantilität zuschreiben. An den beiden Beispielen aus anderen Kulturen wurde deutlich, wie stark kulturgebunden solche Wahrnehmungsmuster sind. Beide genannten Kulturen müssen andere Ausdrucksmuster für Unsicherheit, Infantilität haben, für die wir wiederum keine geprägten Hörmuster haben. – Bleiben wir bei den Stimmoden einen Moment in unserem Kulturbereich: Da sind z. B. die Stimmen aus Filmen der 20er Jahre. Jenseits aller veränderten Mikrophontechnik wird darin auch etwas von der Stimmode jener Zeit hörbar. Diese Stimmen wirken heute auf uns nachgerade neurotisch (Moses 1956, 48). Ganz Ähnliches vermitteln uns Frauenstimmen aus Filmen der 50er und 60er Jahre. Was und wie interpretieren wir heute? Schon nach Moses ist die Stimme der Autorität tief und das gilt auch heute noch (vgl. z. B. Graddol/Swann, 1989; Carleton/Ohala 1980). In ihrer Nebenbedeutung vermittelt sie Sicherheit, besonders für die Schwachen, da schwinge Gewähren von Schutz, Mitgefühl mit (Moses 1956, 49). Offensichtlich darf die Stimme aber nicht "zu tief" sein, dann vermittle sie, in Verbindung mit übertriebener Melodie "Unsicherheit in autoritativen Stellungen" (S. 49). Bei der "zu tiefen" Männerstimme dürfte noch ein anderes Interpretationsmuster mitspielen. Wir alle haben – meistens unbewußte – Hörmuster für die Zuordnung unserer Gesprächspartner/innen zu sozialen Gruppen. Ein wichtiges Merkmal, die eigene soziale Gruppe zu identifizieren, ist die habituell realisierte Grundtonhöhe. Mitglieder der sozialen Mittelschicht sprechen im allgemeinen meßbar höher als Mitglieder der sozialen Unterschicht, also sind auch die Hörmuster für "tief", für "Autorität" je nach Schicht verschieden. Ist vor allem der Rundfunk nicht das Mittelschichtmedium par excellence? Wenn dem so ist, dann dürften auch die Stimmklischees dieser Gruppe hier hörbar werden. In den USA haben Stimmuntersuchungen stattgefunden, die die habituelle Grundtonhöhe mit der sozialen Schicht in Verbindung brachten. Danach realisieren leistungsorientierte, dominante und kompetente Amerikaner eine höhere Grundtonhöhe als nicht leistungsorientierte. Kompetenz und Dominanz dürften durch einen gewohnheitsmäßig hohen Grad an Erregung oder organischer Bereitschaft gestützt werden. Die dadurch entstehende Spannung dürfte sich in erhöhter habitueller Muskelspannung auswirken. Höhere Muskelspannung führt wiederum zu einer Grundtonhöhe, die vergleichsweise höher liegt, als die von Sprechern mit einem niedrigeren Grad habitueller Erregung (Scherer 1979, 155).

Bei deutschen Männern besteht, nach Scherer, eine Beziehung zwischen Grundtonhöhe und der Selbstzuschreibung von Anpassung, Disziplin und Mangel an Autonomie. Das sind Elemente sozialer Konformität. Sie gehen ebenfalls einher mit erhöhter Muskelspannung (Scherer). Robinson konnte nachweisen, daß akademisch erfolgreiche Studenten aus niederen sozialen Schichten sich von ihren erfolglosen Kollegen (gleiche Schicht) dadurch unterschieden, daß sie eine höhere Tonhöhe, weniger Lautstärke und angemessenere Intonation gebrauchten (Robinson 1979, 236). Stimmen nicht aufgabenorientierter Männer sind also meßbar tiefer und entspannter als die Stimmen der aufstiegsorientierten Mittelschicht. Die größere Anspannung, die mit Leistungsdruck verbunden ist, führt insgesamt zu erhöhtem Muskeltonus, der sich auch im Kehlkopfbereich auswirkt. Die Stimme der Deutschen Mittelschichtfrau liegt höher als die von Bäuerinnen oder von Arbeiterinnen. Scherer verbindet das mit der Anspannung, die bei der Mittelschichtfrau durch erhöhte Kontrolle und den Druck, sich angemessen zu verhalten, bewirkt werde.

Wenn in Informationssendungen in Rundfunk und Fernsehen nun sozusagen atypische Frauenstimmen kultiviert werden, welche Interpretationen läßt das zu? Einmal ganz sicherlich, daß den aussuchenden (mehrheitlich) Männern im unbewußten Klischee solche Stimmen als geeignet erscheinen, die möglichst nahe an die dominante, normsetzende Gruppe heranreichen (wobei der erotisierende Effekt nicht unterschätzt werden sollte, doch davon später). Die dominante Gruppe sind nun einmal Männer. In diesem Fall würde die intuitive Einschätzung "Autorität, Sicherheit" vermittelt sich durch die tiefe männliche Stimme auf die Frauenstimme übertragen, und es würde versucht, die weibliche Stimme möglichst nah an dieses Klischee zu plazieren.

Man könnte auch die eingangs erwähnte Zweiklassengesellschaft als Interpretationsgrundlage heranziehen. Die Natur sieht allerdings solch strikte Zweiteilung nicht vor. Der Psychoanalytiker Jung spricht Frauen bis zu 40% männliche Anteile, Männern bis zu 40% weibliche Anteile zu. Nur: Beide Geschlechter dürfen diese Anteile in sich kaum entwickeln. Aber trotz der Erziehung zur eindeutigen Übernahme der Geschlechtsrolle, sind in vielen Frauen männliche Anteile zum Tragen gekommen. Das kann z. B. dadurch erleichtert worden sein, daß die Tochter in der Erziehung Sohnübertragungen bekommen hat, die zu einem flexibleren Umgang mit der Geschlechtsrolle führten. Das kann außerdem sein, wenn Mütter oder Väter auf ihre Töchter eigene unbewußte Wünsche übertragen und ihre Töchter ermutigen, Dinge zu wagen, die Frauen "eigentlich" nicht tun. Werden solche Frauen nicht durch die Spannung, die diese Uneindeutigkeit mit sich bringt, verunsichert, dann kann das auch im stimmlichen Ausdruck hörbar werden. In diesem Falle hieße das, Frauen mit männlichen Anteilen, die in der "virilisierenden Stimme" hörbar werden, haben in den Medien die größeren Chancen.

Damit nicht genug. Es gibt schon immer Frauen (und Männer), die ihr Leben bewußt außerhalb dessen organisieren, was landläufig als normal bezeichnet wird. Hierzu gehört der künstlerische Bereich, z. B. der Beruf der Schauspielerin, viele haben bei der Berufswahl sicherlich gehört "lern etwas Ordentliches, Kind!" Nach meinem Ohr liegt die ausgebildete Frauenstimme meist in den tieferen Bereichen. Bis vor einem Jahrzehnt etwa sind viele Frauen aus dem Schauspiel in die Medien gewechselt. Viele von ihnen haben Nachrichten gesprochen und einige tun es bis heute. Eine Reihe von ihnen arbeitet inzwischen stimmbildnerisch in den Medien und trägt so schauspielerische Stimm-Ideale weiter. Es besteht immerhin die Möglichkeit, daß die Stimmen dieser Frauen, die aus der Sicht der übrigen Gesellschaft nur in Ausnahmefällen prestigeträchtig sind, die Hörmuster für "Medien"-Frauenstimmen mitgeprägt haben.

In diesen Zusammenhang gehört auch das Stimmklischee der "femme fatale", verkörpert etwa durch die verruchte Bardame oder durch die Mondäne, beide setzen erotische Phantasien in vielen Männern frei. Das ist häufig der Frauentyp mit sehr tiefer, oft behauchter Stimme (wobei "behaucht" in den Medien kaum vorkommt). In beiden Fällen entsteht die Frage, suchen die Medien Frauenstimmen, die aus der Sicht der Gesellschaft sozusagen nicht "normgerecht" sind? Frauenstimmen in der Werbung liegen im Bereich der Frauenstimme in der Information. In der Werbung werden überwiegend Stimmen von Schauspielerinnen eingesetzt.

Es entstehen viele Fragen, auf keine von ihnen gibt es eine definitive Antwort. Auf alle Fälle kann man aber festhalten: Die Medien suchen und finden Frauenstimmen, deren Bezugsgruppen außerhalb der gesellschaftlichen Norm liegen und/oder deren Stimmausdruck nicht dem der Mittelschichtfrauen mit hohem Ausbildungsniveau entspricht.

Sind Rundfunk und Fernsehen also besonders fortschrittlich? Suchen sie den Frauentyp, der Autorität ausstrahlt? Gehört dazu auch der Frauentyp, der für sich akzeptiert, außerhalb der gesellschaftlichen Normen zu stehen? Um an diese Fragen etwas näher heranzukommen, müssen wenigstens zwei weitere Elemente einbezogen werden. Das sind Klang und Tonhöhenbewegung. Welchen Klang, welche Klangfarben hört man vorwiegend bei Frauenstimmen in Informationssendungen und welcher Ausdrucksgehalt wird diesen zugeschrieben?

3. Klangfarbe bei Frauenstimmen in Rundfunk und Fernsehen

"In der Stimme wird immer und unvermeidlich Stimmung laut als Ausdruck situativer Befindlichkeit, dieses jedoch keineswegs generalisiert, sondern aufgrund je subjektiver Grund-Gestimmtheit. Im jeweiligen Ausdruck der Sprechstimme sind alle lautwerdenden Stimmungen – Freude, Furcht, Ärger ... – immer schon durchtönt, 'bestimmt' von der skeptischen, fröhlichen, kritischen ... Grund-Gestimmtheit" (Geissner 1991b). In der Klangfarbe wird darüber hinaus hörbar, wie die Sprecherin oder der Sprecher es mit der Partnerin, dem Partner in der Situation meint. Um einordnen zu können, was das in bezug auf Frauenstimmen in Informationssendungen bedeutet, müssen wir noch einmal auf die Geschlechtsrollenidentität zurückkommen. An die Geschlechtsrollen sind Wahrnehmungsstereotype gebunden. Zahlreiche Untersuchungen zeigen, daß diese seit Jahrzehnten nahezu unverändert gelten. "Es besteht Konsens darüber, daß instrumentelle Zielorientierung, Dominanz und Rationalität typischer für Männer als für Frauen sind und daß umgekehrt Expressivität und Emotionalität typischer für Frauen als für Männer sind" (Frank 1992, 78). Wie hört man Dominanz und Rationalität, wie hört man Expressivität und Emotionalität in der Stimme, in der Klangfarbe? Nach Fährmann (1967) drückt sich z. B. Aktivität und spontaner Wille im harten, metallischen Klang aus, während heller Klang bei kräftiger Stimme eher Ausdruck für Zielbewußtheit, scharfsinniges Denken, Sinn für das Wesentliche sei, bei guten Akzenten und hellem, kaltem Timbre auch für Kraft und Herrennatur. Die eher tiefen Männerstimmen in Informationssendungen haben oft ein helles, zumindest aufgehelltes Timbre. Das entspräche wenigstens annähernd der Geschlechtsrollenzuschreibung von Dominanz und Rationalität. Welche Klangfarbe überzeugt Medienschaffende bei Frauen? Wenn mein Ohr mich nicht täuscht, dann kommt in der virilisierenden Stimme überproportional häufig ein dunkler Klang vor. Nach Fährmann bringt die warme, tiefe Stimme mit dunklem Klang Gefühlstiefe zum Ausdruck; ist die Stimme zudem weich und melodiös, dann aktiviert sie Stereotype von Güte und Mitgefühl. Das warme Timbre bei eher leiser, tiefer Stimme steht für Bescheidenheit, Opferbereitschaft und Begeisterungsfähigkeit. Schließlich werde der tiefen Stimme bei "guter" Lautstärke, sonorer Klangfarbe und eher langsamem Tempo zugeschrieben, sie wolle zum Herzen sprechen, könne aber auch Triebnatur sein (Fährmann, 1967, 174–187). Fonagy nennt das "sanfte Stimmhaftigkeit".

"Die schmeichelnde, streichelnde Stimme versichert zunächst dem Partner, daß keinerlei aggressive Absichten vorhanden sind und wiegt ihn dann, bezaubert ihn durch eine Art mütterlicher Hypnose. Er wird mitgenommen in die Tiefen der vollständigen Verschmelzung, die das verlorene Paradies wiedererstehen läßt, das das Kind an der Mutterbrust hatte" (Fonagy 1983, 119).

Über die Klangfarben werden die emotionalen Komponenten der Sprechweise hörbar. Wenn die Frauenstimmen im Radio in der Tonhöhe eher virilisierend sind, sich also dem Ausdrucksmuster von Autorität annähern, in der Klangfarbe aber die emotionalen Elemente von Wärme, Zuwendung, Gefühlstiefe hörbar werden, dann entsteht hier die Frage: Werden damit nicht genau die Geschlechtsrollenstereotype von "emotional" und "expressiv" vermittelt? Suchen Männer die "Mutterbrust" in der (Medien-)Frauenstimme? Damit würden Frauenstimmen für die Medien nach den Kriterien ausgesucht, die auch sonst dazu dienen, ihnen geringen Status zuzuschreiben. Haben wir hier nicht wieder die Zweiklassengesellschaft, an der entlang die Verteilung von Macht, von Machtlosigkeit reproduziert wird?

4. Expressivität und Tonhöhenbewegung

Glaubt man den Untersuchungen, dann ist Frauensprechen "expressiv, melodiös, aber unwichtig". Oder, wie Sandler ironisch schreibt, Männer haben Urteile, Frauen Intuition (1991, 8). Ein solches Stereotyp kann für Hörende bedeuten, es ist nicht nötig zuzuhören. Zur Erfahrung vieler Frauen gehört es nach wie vor, daß sie in Besprechungen, Konferenzen Vorschläge machen und diese nicht gehört werden: Melodiös aber unwichtig? Frauen sind in solchen Situationen einer doppelten Hierarchie ausgesetzt. Zum einen teilen sie die Situation mit anderen, die auf der gleichen hierarchischen Stufe stehen. Es gibt andere, die höher stehen, wieder andere, die niedriger stehen. Wer niedriger steht, wird weniger gehört – wir haben alle gelernt, unser Ohr "nach oben" zu richten, hören meist wenig von "gleich zu gleich" und noch weniger "nach unten". Hier ist ein hierarchisches Element im Zuhören, das der Hierarchie in gewisser Weise ihr unverändertes Fortbestehen garantiert. Vorschläge "von weiter unten" sind daher oft bedroht, unabhängig davon, ob sie von Frauen oder Männern kommen. Zum anderen weist das Hören von Frauen als melodiös, expressiv, unwichtig Frauen den unteren Platz in der Hierarchie "dominant – nicht-dominant" zu. Sie haben also in doppelter Weise Mühe, sich Gehör zu verschaffen.

Melodiös und expressiv müssen einen Bezugsrahmen haben, an dem sich das Urteil überhaupt erst bilden kann. Nach Brend (1978) nutzen Männer zum Darstellen von Autorität nur etwa drei Töne ihres Normalsprechbereichs. Dadurch entsteht, wie erwähnt, der Eindruck von emotional ausdrucksarmem Sprechen, das die Stereotype von "informieren", "objektiv" auslöst. Nach Moses bringt das "beabsichtigte Sachlichkeit" zum Ausdruck, in der die gefühlsmäßige Färbung fehlen soll, (1956, 48). Frauen verwenden gewohnheitsmäßig vier bis fünf Töne, ihr Sprechen hat daher eine Färbung, die als "emotional" interpretiert wird. Sie klingen expressiver als Männer, vermitteln aber kaum Autorität und lösen Stereotype von "subjektiv", "emotional", "trivial", "intuitiv" aus. Ich habe die Tonhöhenbewegungen von Männern und Frauen in Nachrichten und in der Werbung per Computeranalyse untersucht. Die Tonhöhenbewegungen in der Werbung dienten als Vergleichsgrundlage, um die Unterschiede zu wenigstens einem anderen Typ präzis feststellen zu können.

In den Nachrichten realisierten die untersuchten Männer Intervalle von maximal 34 Hz, während ihre pairs in der Werbung in erheblich größeren Intervallen sprechen – sie übersteigen leicht 60 Hz. Die Intervalle von Frauen lagen in Nachrichten um 60 hz. Sie sind damit erheblich expressiver als Männer im gleichen Sendetyp. Was darüber hinaus auffällt ist, daß Nachrichten von Frauen praktisch mit der gleichen Variation in der Tonhöhe gesprochen werden wie Werbung von Männern. Werbung gilt als trivial.

Erstaunlich war, daß innerhalb der Werbung nahezu die gleiche Relation zwischen den Intervallen von Frauen und Männern festzustellen ist, wie in den Nachrichten. In der Werbung können die Intervalle von Frauen leicht 80 hz und mehr betragen, während diejenigen von Männern bei max 60 hz liegen. Bei Männern hängt das in der Werbung realisierte Intervall auch von der Prestigerolle ab, die sie repräsentieren. Der "Zahnarzt" z.B. spricht mit reduziertem Intervall, ganz ähnlich dem Nachrichtensprecher. Für Frauen ist ein Sprechstil, der Autorität und Prestige repräsentieren könnte oder der eine hohe berufliche Position anzeigt, in der Werbung nicht festzustellen. Dort, wo etwa Produktqualitäten angepriesen werden oder wo Ratschläge gegeben werden, werden überproportional häufig Männerstimmen eingesetzt. Eine Ausnahme bildet die Werbung für Medikamente: Dort muß in Wort und Bild erscheinen: "Zu Risiken und Nebenwirkungen fragen Sie Ihren Arzt oder Apotheker". Dieser Zusatz wird nicht nur mit sehr hohem Tempo gesprochen, sondern oft auch von Frauen. Vergleicht man also innerhalb des Typs Werbung, dann entsteht wieder die gleiche Relation von expressiver Sprechweise bei Frauen und weniger expressiver bei Männern, wie sie auch für Nachrichten festgestellt wurde. Was bleibt als Konklusion? Die Stimme bietet ein unüberhörbares Zeichen für die Zuordnung von Menschen zum einen oder anderen Geschlecht. An beide Geschlechter sind unterschiedliche Wahrnehmungen und Zuschreibungen gebunden. Diese Wahrnehmungen und Zuschreibungen weisen den Geschlechtern unterschiedliche Plätze in der Gesellschaft zu. So entsteht eine Hierarchie, in der Frauen meist den niedrigeren, Männer dagegen den höheren Platz einnehmen. Die Stimme und die daran gebundenen Klischees tragen also dazu bei, die Geschlechterhierarchie fortzuschreiben.

Literatur

Arnold, G.: Einflüsse der Umwelt auf die Stimme. In: Festschrift zum 50jähr. Bestehen der sprechkundlichen Arbeit an der Martin-Luther-Univ., Halle (Hrsg. Krech, H.), S. 487–490, Halle 1956

Brend, R. M.: The Inclusion of the Male-Female Differences in Foreign-Language Pedagogy. In: Speech Education (Hrsg. Nickel, G.) Stuttgart 1978, S. 21–27

Brown, L. M., Gilligan, C.: Die verlorene Stimme. Wendepunkte in der Entwicklung von Frauen und Mädchen. Frankfurt/M. – New York 1994

Carleton, M., Ohala, J. J.: The effect of pitch of voice on perceived personality traits. Zit. in: Graddol/Swann 1989, S. 32

Fährmann, R.: Die Deutung des Sprechausdrucks. Bonn 1967[2]

Fonagy, I.: La vive voix. Essais de psycho-phonétique. Paris 1983

Fragstein, Th. v.: Kommunikation vokal. Gedanken zur Verdinglichung und Funktionalisierung des Phänomens Stimme. In: Stimme (Hrsg. Kutter, U., Wagner, R.), S. 39–48. Sprache und Sprechen Bd. 25. Frankfurt/M. 1991

Frank, K.: Sprachgewalt. Die sprachliche Reproduktion der Geschlechterhierarchie. Tübingen 1992

Geissner, H.: Über Hörmuster. In: Hören und Beurteilen (Hrsg. Gutenberg, N.), S. 13–56, Frankfurt/M. 1984

Geissner, H.: Vor Lautsprecher und Mattscheibe. St. Ingbert 1991a

Geissner, H.: Das Verhältnis von Sprach- und Sprechstil bei Rundfunknachrichten. In: Vor Lautsprecher und Mattscheibe (Hrsg. Geissner, H.), S. 84–98, St. Ingbert 1991a (zuerst 1975)

Geissner, H.: Vom stimmlichen Ausdruck. In: Psychologisch-pädagogische Beiträge, S. 36–46, Hamburg 1991b

Giles, H., Powesland, P.: Speech Style and Social Evaluation. London – New York – San Francisco 1975

Goffman, E.: The Arrangement between Sexes (1974). Zit. in: Werner, F.: Gesprächsverhalten von Frauen und Männern. Bern-Frankfurt/M. 1983

Graddol, D., Swann, J.: Gender Voices. Oxford 1989

Herbst, L.: Untersuchungen zum physiologischen Hauptsprechtonbereich. In: Methodische Probleme der Sprecherziehung (Hrsg. Kurka, E., Suttner, J.), S. 153–173, Halle/S. 1968

Krasner, S. Q., Snodgrass, S. E., Rosenthal, R.: Is the Executive Woman an Oxymoron? Tone of Voice and the Evaluation of Executive Competence. Paper zum Vortrag des SCA Kongresses, San Francisco 1984

Martin, J., Zöpffel, R. (Hrsg.): Aufgaben, Rollen und Räume von Frau und Mann. Historische Anthropologie. Freiburg – München 1989

Moses, Paul: Die Stimme der Neurose. Stuttgart 1956

Pearson, J., West, R.: An Initial Investigation of the Effects of Gender on Student Questions in the Classroom. In: Communication Education 40, 1/1991, S. 22 – 32

Ptok, G.: Zur Stimme Lehrender. Lebensgeschichtliche Einflüsse. In: Stimme (Hrsg. Kutter, U., Wagner, R.), S. 137 – 148. Sprache und Sprechen Bd. 25. Frankfurt/M. 1991

Robinson, P. W.: Speech Markers and Social Class. In: Social Markers in Speech (Hrsg. Scherer, K., Giles, H.), S. 211 – 250, London – New York – Melbourne 1979

Sandler, B. R.: Women Faculty at Work in the Classroom, or, why it still hurts to be a Woman in Labor. In: Comm. Education 40, 1/1991, S. 6 – 15

Scherer, K., Giles, H. (Hrsg.): Social Markers in Speech. London – New York – Melbourne 1979

Schneider, B., Schönbach, K., Stürzebecher, D.: Westdeutsche Journalisten im Vergleich: Jung, professionell und mit Spaß an der Arbeit. In: Publizistik, 1/1993, S.5 – 30

Schumacher, H.: "Durch die Sendung führt": Überlegungen zur Moderation im Magazin. In: Magazine audiovisuell (Hrsg. Kreuzer, S., Schumacher, H.), S. 129 – 140, Berlin 1988

Schlüter-Kiske, B.: Rhetorik für Frauen. München 1987

Slembek, E.: Blüh wie das Veilchen im Moose. In: Ermunterung zur Freiheit (Hrsg. Geissner, H.), S. 277 – 295, Frankfurt/M. 1989

Slembek, E.: Deux âmes vivent en mon coeur. In: Deux sexes c'est un monde (Hrsg. Silberstein, J., Ricci, S.), S. 191 – 210, Genève 1991

Slembek, E.: Situation und Raum. Erziehung von Mädchen und deren Abbildung in Werbespots im Fernsehen. In: Sprechen – Hören – Sehen (Hrsg. Pawlowski, K.), S. 236–244. Sprache und Sprechen Bd. 26. München 1993

Tyrell, H.: Überlegungen zur Universalität geschlechtlicher Differenzierung. In: Martin, J., Zöpffel, R. 1989, S. 37 – 78

Valentine, D., Demian, B.: Communicative Power, Gender, and Culture. Determinants of the Ideal Voice. In: Women and Communicative Power. Theory, Research, and Practice (Hrsg. Valentine, D., Hoar, R.), Annandale, Va. 1988

CAJA THIMM

Durchsetzungsstrategien von Frauen und Männern: Sprachliche Unterschiede oder stereotype Erwartungen?

"Frauen sind ein ganz dekoratives Geschlecht.
Niemals haben sie etwas zu sagen, aber das
bringen sie ganz reizend heraus." (Oscar Wilde)

Der Spruch von Oscar Wilde könnte programmatisch für meinen Beitrag sein. Nicht nur, daß Wilde ein stereotypes Bild über Frauen zum besten gibt, er greift auch einen Bereich heraus, um den es mir im folgenden Beitrag geht: Die unterstellte Inkompetenz von Frauen. Für Wilde haben Frauen eben nichts zu sagen. Wir mögen uns heute über einen solchen Ausspruch amüsieren, Tatsache jedoch ist, daß noch immer eines der gängigsten Geschlechterstereotype die unterstellte geringere bzw. anders ausgeprägte Kompetenz der Frauen ist. Asymmetrie der Geschlechter kann jedoch nicht als stabile Bipolarität vorausgesetzt werden: Der biologische Unterschied zwischen Frauen und Männern hat nur dann gesellschaftliche Relevanz, wenn er tatsächlich ausagiert bzw. inszeniert wird. Selbst wenn es so scheint, als seien die Unterschiede geschlechtsspezifisch begründbar, so bleibt doch sorgfältig zu prüfen, ob die fieberhafte Suche nach den Geschlechterdifferenzen nicht eine kontraproduktive und damit auch verfälschende Eigendynamik entwickelt. Die Bezeichnung von Eigenschaften oder Handlungen als "typisch" weiblich bzw. "typisch" männlich trifft nämlich allzu häufig nur für einen ganz bestimmten Kontext und eine klar umrissene Interaktionssituation zu. In Linguistik und Sozialpsychologie wird der Zusammenhang zwischen Sprachverhalten und Kommunikationssituation bzw. Situationsrolle häufig zu wenig berücksichtigt. Wenn Männern in öffentlichen Kontexten statushöhere bzw. machtvollere Positionen zugeordnet werden, so bleibt für Frauen eben nur die Rolle der "Assistentin" oder die Rolle des "Opfers" männlicher "Sprachgewalt".

Ich möchte in diesem Aufsatz von kommunikativen Typisierungsprozessen im Sinne von "doing gender" (Kotthoff 1993) ausgehen, d. h. nicht das Individuum steht im Mittelpunkt, sondern es gilt, die Konstruktions- und (Stereo) Typisierungsprozesse von Geschlechterunterschieden zu berücksichtigen. Bisher werden in der Linguistik Frauen noch häufig auf ihre Betroffenenrolle beschränkt, die Frage, wie Frauen den status quo mitproduzieren, ist noch nicht systematisch aufgegriffen worden. Nimmt man die herrschende Grundthese von der kategorialen Benachteiligung der Frauen als gegeben an, so wird nicht nur unser Eigenanteil bzw. die Eigenverantwortung auf die Geschlechtszugehörigkeit reduziert, sondern es wird genau die passive Rolle zementiert, die Freiheiten und Aktivitäten von Frauen behindert. Aus diesem Grund erscheint es notwendig, bei geschlechtsdifferenzierenden Untersuchungen, also auch bei der Betrachtung von Formen sprachlicher Durchsetzung, gesellschaftlich vermittelte Bilder der Geschlechter als maßgeblichen Faktor einzubeziehen. Ohne zu berücksichtigen, welche Erwartungen und Haltungen, welche Vorurteile und Stereotype gegenüber Frauen (und Männern) herrschen, werden immer nur losgelöste Teilbereiche erfaßt. In diesem Zusammenhang kommt der sozialpsychologischen Forschung zu "language attitudes", also der Einstellung zu sprachlichem Verhalten, hoher Stellenwert zu. Es erscheint mir daher notwendig, einen interdisziplinären Bogen zu spannen: Es gilt, Ansätze aus den Sprachwissenschaften, der Soziologie und der Sozialpsychologie zu berücksichtigen.

1. Geschlechterstereotype und Werturteil

Betrachtet man die unterschiedlichen sozialen Stellungen von Frauen und Männern bezüglich ihrer Machtpositionen in Politik, Wissenschaft, Beruf, Familie oder Medien, so spielt die Frage nach der Durchsetzung von Zielen für Machtverhältnisse zwischen den Geschlechtern eine große Rolle. Wo besser läßt sich ermessen, wie stark Fraueninteressen realisiert sind, als am Vergleich von Erfolgen?

Den öffentlichen Diskursen kommt aufgrund ihres Publikums eine Schlüsselfunktion zu, dies gilt in besonderem Maße für medial vermittelte Kommunikation (wie Talk-Shows, ExpertInnenrunden, Nachrichten u. a.), aber auch für schulische und universitäre Diskurse oder Kommunikation am Arbeitsplatz (Günthner u. Kotthoff 1992). Gerade die letztgenannte Interaktionssituation ist brisant, da Frauen hier hautnah und tagtäglich die Konsequenzen der Geschlechtsrollenstereotypen und der "sex segregation" (Reskin 1993) zu spüren bekommen, und zwar sowohl an den Interaktionsverhältnissen als auch am Geldbeutel (Tannen 1995; Thimm 1994; Reskin 1993; Holmes 1992).

Welche Effekte haben nun Geschlechterstereotype auf die Durchsetzungsstrategien von Frauen? Die meisten Menschen betrachten es als eine Selbstverständlichkeit, daß zwei verschiedene Geschlechterkategorien, die sich ausschließen, existieren. Man kann und muß also davon ausgehen, daß Sprachbenutzer und -benutzerinnen über implizite Theorien der Geschlechterunterschiede verfügen, d. h. daß sie Annahmen über die Natur der beiden Gruppen Männer vs. Frauen haben.

Die Zuordnung einer Person zu einer sozialen Kategorie wie dem Geschlecht beruht unter anderem darauf, daß die Sensitivität für Unterschiede zwischen Individuen *innerhalb* der Kategorien reduziert wird, während die Sensitivität für Unterschiede zwischen den Kategorien erhöht wird, es entstehen gruppenabgrenzende Orientierungen, die sich als "ingroup"- und "outgroup"-Orientie-

rungen beschreiben lassen (Tajfel u. Turner 1979). Diese Kategorisierungsprozesse können zur Zuweisung negativer Attributionen für die out-group führen,
u. a. zu Bewertungen wie "typisch Frau" bzw. "typisch Mann".
Solche Kategorisierungsprozesse haben aufgrund ihrer Koppelung an Wertungen maßgeblichen Einfluß auf Kommunikationsprozesse. Wissen über das
Geschlecht einer Person kann Urteile über ihre mentale und körperliche Gesundheit beeinflussen, Urteile über Leistungen, über Persönlichkeit, emotionale Erfahrungen, mathematische Kompetenz u. a. (eine Zusammenfassung zum
Thema Geschlechterstereotype und Performanz findet sich bei Ussher 1992).
Stereotype über die Geschlechter haben sich erstaunlich wenig verändert. So
z. B. stellten Kruse, Weimer und Wagner (1988) in einer Untersuchung zur
sprachlichen Repräsentation des Geschlechterverhältnisses in deutschen Print-
medien fest, daß Frauen häufiger anhand von affektiven Beschreibungen dargestellt werden (wie Zuneigung, Liebe, Haß, Zorn oder Depression) und in
einer Opferrolle typisiert werden. Komplementär zur Beschreibung von Frau-
en als passiv und abhängig verläuft die der Männer, die als Akteure geschildert werden: Sie fordern, drohen und verbieten, sie initiieren und etablieren
Beziehungen, sie geben Hilfe an hilflose Frauen. Diese traditionelle Frauen-
Männerrolle glaubte man und frau nach den öffentlichen Diskussionen um den
"neuen" Mann oder den "Softie" eigentlich überholt. Gerade in den Medien
aber wird das klischeehafte Geschlechterverhältnis porträtiert und damit auch
verfestigt.
Bei der Beschäftigung mit Durchsetzungsstrategien ist die deterministische
Funktion des Geschlechterstereotyps deswegen so relevant, weil im Begriff
"Durchsetzung" Erfolg impliziert wird. Durchgesetzt habe ich etwas eben genau dann, wenn mein Anspruch vom Gegenüber ratifiziert bzw. akzeptiert wurde und die gewünschten Folgehandlungen gezeigt werden. Zur Durchsetzung
eigener Positionen gehört "compliance gaining", d. h. strategisches Handeln,
das auch Widerstand der Partner und Partnerinnen einbezieht. Der Begriff
"compliance gaining" weist bereits darauf hin, daß es um das Erlangen von Akzeptanz bzw. Zugeständnissen geht, d. h. Durchsetzung hat ein dyadisches Moment der Partnerbezogenheit. Die notwendige Akzeptanz als Resultat von
Durchsetzung erfolgt bei Frauen und Männern jedoch noch immer nach unterschiedlichen Bedingungen.

2. Sprachliche Durchsetzung: Geschlechterdifferenzen?

2.1. "Sex dialect" und "sex stereotype" Hypothese

Die andiskutierten Einstellungsdifferenzen werden mit zwei Erklärungsansät-
zen begründet. Das eine Erklärungsmodell läßt sich als "sex-dialect-hypothesis" (bzw. auch als genderlect- oder female register-hypothesis) bezeichnen, der

andere Ansatz als "sex-stereotype-hypothesis". Die "sex-dialect-hypothesis" geht davon aus, daß die Beurteilung des kommunikativen Verhaltens von Frauen und Männern aufgrund faktischer Sprachunterschiede erfolgt. Typisch weibliches Gesprächsverhalten wäre z. B. "tag-questions", Abschwächungen (softeners) oder Heckenausdrücke (hedges) (Crosby u. Nyquist 1977) .

Im Gegensatz zur "sex-dialect-hypothesis" geht die "sex-stereotype-hypothesis" nicht davon aus, daß nachweisbare Sprachunterschiede für die unterschiedliche Beurteilung ausschlaggebend sind, sondern daß Urteile von stereotypgebundenen Erwartungen determiniert werden, d. h. im Sinne einer "self-fulfilling prophecy" bestätigt werden. Hier wird davon ausgegangen, daß der reale Geschlechtsunterschied der Sprechenden einen Bias evoziert und stereotype Vorstellungen aktiviert, auch wenn das Sprachverhalten von Frauen und Männern identisch ist.

Beide Hypothesen sind in vielen Untersuchungen überprüft worden, allerdings mit sehr widersprüchlichen Ergebnissen.

Einen Beleg für die "sex-stereotype-hypothesis" findet sich z. B. in Burgoon et al. (1991), die das Kriterium "verbal intensity" bezüglich seiner Relevanz für die Durchsetzung von Frauen und Männern prüften. Dabei zeigte sich, daß bei Männern eine höhere Intensität (z. B. durch Komparative und Positionsausdrücke wie "sehr", "besonders", Direktiva, Verben wie "behaupten", "feststellen", Verben des Urteilens) als effektiv für die Durchsetzung ihrer Position bewertet wurde, bei Frauen dagegen eine weniger intensive, neutralere bzw. schwächere Formulierungsweise effektiver war. Männern wird also ganz offensichtlich eher erlaubt, auch starke und offen durchsetzungsbezogene Formulierungen zu benutzen als Frauen. Bei ihnen hat der Gebrauch einer solchen Variante eher kontraproduktive Folgen. So zeigte die Untersuchung von Carli (1990), daß Frauen mehr "tentative language" (disclaimers, qualifiers, hedges, tag questions) benutzten und damit bei Männern, nicht aber bei Frauen erfolgreich waren. Carli verweist bei ihrer Interpretation auf die Stereotypabhängigkeit von Sprachbewertungen: Bei der Beurteilung der Männer fanden sich nämlich keine Unterschiede. Selbst wenn sie "tentative speech" gebrauchten, wurden sie nicht als weniger kompetent eingeschätzt.

Dagegen behaupten z. B. Erickson et al. (1978), daß weniger das faktische Geschlecht als die sprachlichen Merkmale wahrgenommen werden. Die Autoren hatten zwei Formulierungsvarianten (powerful/powerless) in einer simulierten Gerichtsverhandlung von Frauen und Männern verlesen lassen. Die Personen, die die Variante "powerless style" vortrugen, wurden als weniger kompetent und weniger überzeugend eingestuft als die andere Gruppe, wobei das Geschlecht der Vortragenden keine Rolle spielte. Als Merkmale von "powerless style" galten eine niedrigere Sprechrate, geringere Sprechmenge, höhere Anzahl von Pausen (als ein Merkmal von "non dynamic delivery"), weniger Unterbrechungen bzw. Unterbrechungsversuche, Abschwächungen, tag questions, intensifiers, deiktische Ausdrücke und Höflichkeitsformen.

In einer Serie von Untersuchungen wurden Zusammenhänge zwischen den beiden Hyothesen hergestellt. Mulac et al. (1985) versuchten anhand von vier Experimenten, die gegenseitige Abhängigkeit von "gender-linked language effect" und "sex-stereotypes" aufzuzeigen. Ohne daß Informationen über das reale Geschlecht gegeben wurden, beurteilten Studierende die Texte einer Bildbeschreibung von Frauen als höher im Sinne von sozio-intellektuellem Status und ästhetischer Qualität (nicer, more pleasant), während die Texte von Männern als dynamischer galten (more active, more aggressive, stronger, louder). Wurde den Beurteilenden das Geschlecht mitgeteilt, zeigten sich diese Effekte noch deutlicher, allerdings gab es dann keine Unterschiede bei der Kategorie des sozio-intellektuellen Status mehr. Wurden die Texte aber mit einer unzutreffenden Geschlechtszuschreibung versehen, so war die determinierende Funktion des Stereotyps eindeutig: von Frauen produzierte Texte mit männlicher Etikettierung wurden besonders hoch bezüglich des sozio-intellektuellen Status bewertet, der Unterschied bei der Kategorie Dynamik entfiel. Die Untersuchung zeigt, daß die Perzeption der Sprache von Männern und Frauen mehr von Stereotypen beeinflußt wird als von der Sprache selbst. Auch Lawrence et al. (1990) kommen in ihrer Untersuchung über den Zusammenhang von Stereotyp und Sprachverhalten in verschiedenen Interaktionssituationen zu einem ähnlichen Resultat.

Diese zunächst widersprüchlich erscheinenden Forschungsergebnisse lassen sich im Zusammenhang sehen: Es gibt sprachliche Strategien, die weniger zur Durchsetzung geeignet erscheinen als andere. Fraglich erscheint mir jedoch die Koppelung von spezifischen Sprechstilen an die Geschlechter. So zeigte eine unserer Untersuchungen, daß Männer sich sehr wohl mit dem "female register" auskennen und es in Situationen mit strategischem Nutzen auch verwenden (Thimm 1994).

2.2. Argumentationsstile: "powerful" vs. "powerless style"

Die Klassifizierung derjenigen sprachlichen Charakteristika, die in den schon als "klassisch" zu bezeichnenden frühen Arbeiten zur Interaktion von Frauen und Männern diskutiert wurden, werden auch als "powerful" bzw. "powerless style" aufgeführt (Überblick bei Ng u. Bradac 1993). Diese Bezeichnung abstrahiert zunächst von der Frage der Geschlechtszugehörigkeit und setzt die Prüfung sprachlicher "marker" in den Vordergrund. In der bereits erwähnten Untersuchung von Erickson et al. (1978) stellten die Autoren einen Zusammenhang zwischen dem durchsetzungsorientierten Sprechstil (powerful talk) und dem Geschlecht her: Frauen wurde der "powerless style" zugewiesen, Männern der "powerful style". Der als "powerless" bezeichnete Stil beinhaltet genau diejenigen Sprechausdrucksmerkmale, die auch als "female register" bezeichnet wurden (Crosby u. Nyquist 1977).

Die Gleichsetzung des Sprachverhaltens von Frauen mit Machtlosigkeit mag auf den ersten Blick problematisch anmuten. Eine Folgestudie zeigte jedoch, daß diese Gleichsetzung insofern ihre Berechtigung hat, als die *Perzeption von Frauen* als machtlos die Beurteilung ihres kommunikativen Handelns beeinflußt. O'Barr u. Atkins (1980) zeigten auf, daß die als "powerless" bezeichnete Version häufiger mit weiblichem Sprechverhalten assoziiert wird, d. h. daß stereotypgeleitete Zuschreibungen Frauen immer noch auf den "powerless style" festlegen.

Kritisch an diesem Ansatz, Durchsetzung bzw. Macht an Sprechstile zu koppeln, ist vor allem der Mangel an Kontextbezügen: tag questions oder Höflichkeit sind nicht per se "powerless", sondern eben nur in bestimmten Kontexten (Thimm u. Augenstein 1994 sprechen deswegen von "power-related talk"). Festzuhalten bleibt, daß diese Forschungsrichtung, die eine Verbindung zwischen Sprechstil, Macht und Geschlecht konstruiert, einen interessanten und bisher in der BRD zu wenig rezipierten Ansatz darstellt.

2.3. Durchsetzungsstrategien und Kompetenz

Bei der Analyse von Durchsetzungsstrategien läßt sich zunächst zwischen öffentlichem und privatem Diskurs unterscheiden. Öffentlichem Sprachverhalten kommt aufgrund der medialen Wirksamkeit besondere Funktion zu (Holmes 1992; Günthner u. Kotthoff 1992; Kotthoff 1993).

Ich möchte exemplarisch einen Aspekt herausgreifen, der meiner Ansicht nach die unterschiedliche Bewertung des sprachlichen Handelns der Geschlechter am besten verdeutlichen kann: Die Kommunikation und Perzeption von Kompetenz(en). Je mehr Frauen sich öffentlich (sach)kompetent zeigen und damit das auch heute noch gültige Vorurteil der geringeren (oder andersartigen) Kompetenz von Frauen widerlegen, desto härter werden die Durchsetzungsstrategien, insbesondere auf seiten der Männer. Auch ist meiner Beobachtung nach Aufzeigen eigener Kompetenzen für Frauen zwar besonders notwendig, aber auch besonders problematisch.

Belehren

Das Handlungsmuster Belehren findet sich sowohl im öffentlichen Diskurs, wie z. B. TV-Diskussionen, aber auch in privaten Auseinandersetzungen. Belehren kann entweder als inhaltlich gefüllte Korrektur von Ansichten oder Positionen gewertet werden, oder aber als Zurückweisung von Ansprüchen bzw. Forderungen auf der Beziehungsebene. In jedem Falle ist damit eine Status- bzw. Machtdemonstration verbunden. Berücksichtigt man, daß sich öffentlicher Diskurs auch als "valued talk" bewerten läßt (also eine Interaktionssituation, die zur Hebung des Eigenimages geeignet ist), so kann ich in einer solchen Interaktionssituation meinen Status durch Aufzeigen meiner Kompetenz verbessern (Holmes 1992 spricht von "expository vs. exploratory talk", 134ff).

Beispiele für diese Form der Selbstdarstellung finden sich bei Kotthoff (1993). Sie verdeutlicht die Funktion von Belehren innerhalb sogenannter "Expertenrunden". In diesem Interaktionssetting wird über die Form der "konversationellen Vorträge" (86) vor allem von Männern Kompetenz demonstriert.

Aber auch in privaten Konfliktgesprächen erweist sich Belehren als wichtige Strategie von Männern. So beendet z. B. in einem privaten Gespräch eines Ehepaares die Frau eine Sequenz mit der Kritik am lehrhaften Stil ihres Mannes mit der Äußerung: *"Sei doch menschlich, net so lehrhaft, so furchtbar lehrhaft"* (Thimm 1990, 136). Dieser so kritisierte Stil läßt sich auch als "patronisieren" bezeichnen.

Diskreditieren

Eine häufig gebrauchte Form der Durchsetzung ist das *Diskreditieren*. Dies geschieht zumeist durch das implizite oder explizite Absprechen von Kompetenz, aber auch durch beleidigende Äußerungen. Deutlich disqualifizierende Äußerungen von Männern gegenüber Frauen beziehen sich übrigens erstaunlich häufig auf die Person selbst. Dies gilt nicht nur für politische Kontexte, in denen direkte Äußerungen über die Person und ihren Mangel an Kompetenz gemacht werden (Burkhardt 1992; Thimm 1995), sondern auch für Mediengespräche und private Kontexte. Beim Muster des Diskreditierens ist die Akzeptanz der Betroffenen konstitutiv für den Durchsetzungseffekt. Dabei zeigen sich Frauen eher akzeptierend als Männer. Entweder verwahren sie sich selbst gegen drastische Imageverletzungen nicht (Thimm 1995), oder sie akzeptieren sie aufgrund ihrer impliziten Natur ("Das war doch charmant vorgetragen", Thimm 1993), bzw. aufgrund des Vorherrschens männlicher Interaktionsrituale (z. B. am Arbeitsplatz, Tannen 1995, 42ff).

Eine besondere Spielart der Diskreditierung findet sich in einem zunächst als positiv erscheinenden Verhalten: dem Lob. Loben kann jedoch einen abwertenden Effekt haben, da mit dem Lob darauf rekurriert wird, daß der/die Höherstehende diese Form der Anerkennung aufgrund seiner/ihrer Überlegenenheit verteilen darf.

Symptomatisch für die Stereotype, die Frauen in politischen Positionen das Leben schwer machen, lassen sich die von Burkhardt (1992) analysierten Zwischenrufe anführen. In seiner Untersuchung benennt Burkhardt Formen der Abqualifizierung von Frauen. Vor allem "Chauvialität", also diejenigen Äußerungen, die die Politikerinnen dadurch abwerten, daß sie, statt auf sachliche Argumente einzugehen, das Geschlecht thematisieren, spiegeln die Geschlechterstereotypen. Im Mittelpunkt steht auch hier die Unterstellung von Inkompetenz oder Unfähigkeit: *"Das ist eine Frage des Intellekts, Frau Kollegin!"* (S. 296).

Rederecht und Unterbrechungen

Noch immer wird als Zeichen männlicher Dominanz die Kategorie der Unterbrechung herangezogen. Sicher ist, daß man oder frau ohne das Wort zu haben die eigene Position nicht darstellen oder verteidigen kann: Der Kampf um das Rederecht ist ein zentrales Element von Durchsetzung. Es erscheint jedoch bei empirischer Prüfung verschiedener Interaktionssituationen zweifelhaft, ob sich Unterbrechungen zur Durchsetzung eindeutig in Beziehung setzen lassen: Unterbrechungen führen nämlich keineswegs immer zum Erfolg. Eine vergleichende Studie von James u. Drakich (1993) fand keinen Beleg für die Durchsetzung von Männern anhand höherer Unterbrechungszahlen. Es erscheint mir notwendig, die Interpretation der Funktion der Gesprächsorganisation um zusätzliche Aspekte zu erweitern (z. B. wer unterbricht wen an welcher Stelle und mit welcher Sprechhandlung). Wenn sich beispielsweise Frauen auch mit Hilfe von Unterbrechungen nicht durchsetzen können, müssen andere Mechanismen für ihr Unterliegen verantwortlich sein.

3. Schlußbemerkungen

Die Durchsetzung von Zielen und eigenen Interessen ist mit verdeckter Konkurrenz, offener Gegnerschaft und auch mit Gegenhandlungen der Partnerinnen und Partner verbunden. Der Erfolg von Durchsetzungsstrategien hängt maßgeblich von der stereotypgeleiteten Erwartung bezüglich der Rolle und Funktion von "Weiblickeit" bzw. "Männlichkeit" für den ganz spezifischen Interaktionszusammenhang ab. Frauen müssen in einigen Situationen, wie in der Politik oder am Arbeitsplatz, mit ganz grundsätzlichen Formen von Widerstand rechnen. Dabei steht die implizite oder explizite Zuweisung von Inkompetenz, bzw. die Unterstellung eines Mangels an Kompetenz, im Zentrum männlicher Durchsetzung. Haben Männer verschiedene Strategien entwickelt, ihre eigenen Leistungen und Kompetenzen herauszustellen, so fällt dies Frauen auch deshalb schwer, da sie bei der Betonung ihrer Leistungen eher mit negativen Reaktionen rechnen müssen.

Es scheint mir, daß wir im Moment an einer Schwelle zu Veränderungen stehen, in dessen Mittelpunkt das gewachsene Selbstbewußtsein von Frauen bezüglich ihrer persönlichen und fachlichen Kompetenzen steht. Kompetenz kommunikativ sprachlich zu übermitteln ist jedoch angesichts der Geschlechterstereotype ein alltäglicher, ganz individueller Kampf, für den es nur wenige Rezepte gibt. Gegenüber den persönlichen und inhaltlichen Abwertungen der männlichen Kollegen gewappnet zu sein, ist z. B. nicht jeder Fraus Sache. Immer mehr Frauen aber entdecken ihre eigenen Kompetenzen und entwickeln Strategien, diese anderen auch zu vermitteln. Mehr empirische Untersuchungen über Formen interaktiver Manifestation der Kompetenzen von Frauen wären in diesem Zusammenhang sehr wünschenswert.

Literatur

Burgoon, M., Birk, T., Hall, J.: Compliance gaining and satisfaction with physician-patient communication: an expectancy theory interpretation of gender difference. Human Communication Research 18, 177–208, 1991

Burkhardt, A.: Das ist eine Frage des Intellekts, Frau Kollegin. Zur Behandlung von Rednerinnen in deutschen Parlamenten. In: Geschlechter im Gespräch (Hrsg. Günthner, S., Kotthoff, H.), S. 296–302. Stuttgart 1992

Carli, H.: Gender, language, and influence. Journal of Personality and Social Psychology 59, 5, 941–951, 1990

Crosby, F., Nyquist, L.: The female register: An empirical study of Lakoffs's hypotheses. Language in Society 6, 313–322, 1977

Erickson, B., Lind, A. E., Johnson, B., O'Barr, W. M.: Speech styles and impression formation in a court room setting: the effects of 'powerful' and 'powerless' speech. Journal of Experimental Social Psychology 14, 266–279, 1978

Günthner, S., Kotthoff, H. (Hrsg.): Die Geschlechter im Gespräch. Kommunikation in Institutionen. Stuttgart 1992

Holmes, J.: Women's talk in public contexts. Discourse and Society 3, 2, 131–150, 1992

James, D., Drakich, J.: Women, men and interruptions: A critical review. In: Gender and conversational interaction. (Hrsg. Tannen, D.), S. 281–312. Oxford u. New York 1993

Kotthoff, H.: Kommunikative Stile, Asymmetrie und "Doing Gender". Fallstudien zur Inszenierung von Expert(inn)entum in Gesprächen. Feministische Studien 2, 79–95, 1993

Kruse, L., Weimer, E., Wagner, F.: What men and women are said to be: Social representation and language. Journal of Language and Social Psychology 7, 3–4, 243–262, 1988

Lawrence, S. G., Stucky, N., Hopper, R.: The effects of sex dialects and sex stereotypes on speech evaluations. Journal of Language and Social Psychology 9, 3, 209–224, 1990

Mulac, A., Incontro, C., James, M. : Comparison of the gender-linked language effect and sex role stereotypes. Journal of Personality and Social Psychology 49, 4, 1098–1109, 1985

Ng, S. H., Bradac, J.: Power in language. Verbal communication and social influence. Newbury Park 1993

O'Barr, W. M., Atkins, B.: 'Women's language' or 'powerless language'? In: Women and language in literature and society (Hrsg. McConell-Ginet, S., Borker, R., Fulman, N.), S. 93–110. New York 1980

Reskin, B.: Sex segregation in the workplace. Annual Review of Sociology, 241–270, 1993

Tajfel, H., Turner, J.: Intergroup relations. Integrative theory of intergroup conflict. In: The social psychology of intergroup relations. (Hrsg. Austin, W. G., Worchel, S.), S. 33–47. Monterey 1979

Tannen, D.: Job-Talk. Wie Frauen und Männer am Arbeitsplatz miteinander reden. Hamburg 1995

Thimm, C.: Dominanz und Sprache. Strategisches Handeln im Alltag. Wiesbaden 1990

Thimm, C.: "Ja liebe Zeit – das war doch charmant vorgetragen!" Weibliche Sprachform als Anlaß politischen Konfliktes. In: Wer spricht das wahre Deutsch? Erkundungen zur Sprache im vereinigten Deutschland. (Hrsg. Reiher, R. Läzer, R.), S. 161–186. Berlin 1993

Thimm, C.: Durchsetzungsstrategien am Arbeitsplatz: Unterschiede zwischen Frauen und Männern. In: Sprechen, führen, kooperieren in Betrieb und Verwaltung (Hrsg. Bartsch, E.), S. 331–338, Sprache und Sprechen, Bd. 26. München 1994

Durchsetzungsstrategien von Frauen und Männern   129

Thimm, C., Augenstein, S.: Sprachliche Effekte in hypothesengeleiteter Interaktion: Durchsetzungsstrategien in Aushandlungsgesprächen. Arbeiten aus dem Sonderforschungsbereich 245 Heidelberg/Mannheim, Nr. 77. Universität Heidelberg: Psychologisches Institut 1994

Thimm, C.: Strategisches Handeln im politischen Konflikt: Frauen und Männer im kommunalen Parlament. In: Sprache im Konflikt (Hrsg. Reiher, R.), Berlin 1995, S. 72–92

Ussher, J. M.: Sex differences in performance: fact, fiction or fantasy? In: Handbook of human performance (Hrsg. Smith, A. P., Jones, D. M.), S. 63–94. London 1992

ROLAND W. WAGNER

Geschlechtsspezifische Aspekte bei Selbsteinschätzung und Sprechverhalten von Lehramtsstudierenden

1. Zum Thema

Die Fragestellung "typisch weiblich – typisch männlich" ist an der Pädagogischen Hochschule Heidelberg schon seit Jahren ein nicht gerade unbeliebtes Thema für zukünftige Lehrkräfte. So gibt es beispielsweise seit 1988 einen aktiven Arbeitskreis "Sexismus"; und ich selbst durfte (auf Anregung von Studentinnen) zweimal spezielle sprechpädagogische Seminare zum Thema "Gesprochene Sprache bei Frauen und Männern" anbieten, bei denen nicht nur die Standardwerke zur feministischen Linguistik (vgl. die Literaturliste) referiert und diskutiert wurden, sondern auch einige kleinere empirische Untersuchungen durchgeführt werden konnten.

In diesem Beitrag geht es vor allem um folgende fünf Fragen (jeweils bezogen auf die untersuchten Gruppen von Lehramtsstudenten und -studentinnen):

– Wie wird die allgemeine Sprachkompetenz eingeschätzt?
– Wie wird die Dialektkompetenz beurteilt?
– Wie interessant ist das Thema Sprechängstlichkeit bzw. "Lampenfieber"?
– Wie weit werden Urteile über "typisch weiblich – typisch männlich" bestätigt?
– Wie unterscheiden sich Unterrichtsbeispiele?

2. Zur Datenbasis

Im Zeitraum 1988 bis 1994, also über dreizehn Semester hinweg, wurden von allen Teilnehmenden meiner PH-Einführungsübungen "Grundlagen der mündlichen Kommunikation" bzw. "Grundlagen der mündlichen Kommunikation für den Deutschunterricht" anonym Fragebögen ausgefüllt – insgesamt 1428. Davon waren 1128 (= 79,0%) von Studentinnen, 300 (= 21,0%) von Studenten; dies entspricht der üblichen Geschlechterproportion einer Institution, die Lehrkräfte für Grund-, Haupt-, Real- und Sonderschulen ausbildet. Ein auch unter geschlechtsspezifischen Aspekten interessantes Faktum dabei: Das Studienfach Deutsch hatten 657 gewählt, 576 Frauen (87,7%) und nur 81 Männer (12,3%), insgesamt 771 hatten andere, i. d. R. weniger sprachlich orientierte Hauptfächer, nämlich 552 Frauen (71,6%) und 219 Männer (28,4%).

Die Fragebögen bezwecken primär, Informationen über die Erwartungen und Vorkenntnisse der Studierenden zu bekommen; daneben sollen Inhalte bzw. Gliederung der Sprecherziehung präsentiert werden ("learning by ticking"). Insgesamt 26 Themenbereiche – z. B. "Verminderung von Sprech-ängstlichkeit ('Lampenfieber')" – können nach den Kästchen-Vorgaben "gleich Null", "eher klein" und "eher groß" beurteilt werden. Auf die Möglichkeit, Ein-tragungen zwischen die Felder zu setzen, um die jeweilige Position differen-zierter auszudrücken, wird ausdrücklich im Einleitungstext hingewiesen. Am Ende des Blattes steht folgendes:

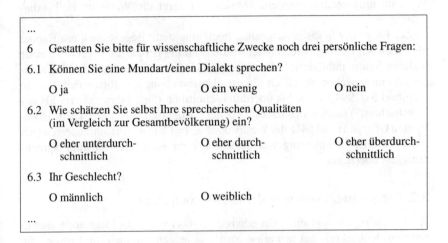

In den Lehrveranstaltungen wird der Fragebogen vor dem Ausfüllen nicht wei-ter erläutert, studentische Bitten um genauere Informationen sind extrem selten. Der Hintergrund der Aktion (z. B. über die Zusammenhänge zwischen Dialekt, Geschlecht und Selbsteinschätzung) wird jedoch von mir nach der Abgabe der Blätter erklärt. Obwohl meine Vorgaben absichtlich relativ vage formuliert bzw. aus anderen Untersuchungen übernommen wurden, betrug die Antwort-bereitschaft 97,6 % (beim Sprechängstlichkeits-Interesse), 97,8 % (bei der Dialekt-Kompetenz) und 98,5 % (bei den "Sprecherischen Qualitäten").

3. Die Ergebnisse

3.1. Die Selbsteinschätzung der Sprechkompetenz

"Typisch männlich" wäre die Tendenz zur höheren Selbsteinstufung – meine Zahlen bestätigen dies nicht unbedingt. Wie in ähnlichen Untersuchungen mit drei Vorgaben ist ein "Drang zur Mitte" normal – bei Frauen relativ stärker als bei Männern. Die übergroße Mehrheit schätzt ihre sprecherischen Qualitäten im Vergleich zur Gesamtbevölkerung "eher durchschnittlich" ein:

Selbsteinschätzung der "Sprecherischen Qualitäten" (1988 – 1994)

	eher unterdurchschnittlich	eher durchschnittlich	eher überdurchschnittlich
Studenten	29	223	46
Studentinnen	51	947	111

Etwas deutlicher erscheinen die Unterschiede, wenn die absoluten Angaben in Prozente umgerechnet werden. Abbildung 1 zeigt die Werte im Balkendiagramm.

Zur Frage der Selbsteinschätzung noch eine nette Begebenheit am Rande: als ich diesen Beitrag vorbereitete, wurden zufällig gerade die Ergebnisse einer anderen Studie publiziert: "Meinungen und Einstellungen deutscher Autofahrer im europäischen Vergleich ("Sartre-Untersuchung"; veröffentlicht u. a. in Autobild 31/1994, S. 3). Als überdurchschnittlich ("ich fahre sicherer als der Durchschnitt") stuften sich dabei 76 % der Ostdeutschen (= Platz 1 von 15 befragten Gruppen) und 64% der Westdeutschen (= Platz 4) ein. Somit zeigen sich die Deutschen offenkundig viel mehr von ihrer Fahr- als von ihrer Sprechfähigkeit überzeugt.

3.2. Die Selbsteinschätzung der Dialektkompetenz

Zum sozialpsychologischen Grundwissen gehört wohl das Phänomen, daß in unserem Kulturkreis bei fast allen positiv besetzten "können-Sie-Fragen" die Männer häufiger mit "ja" antworten als die Frauen. Ein Beispiel: In einer 1966 von Allensbach durchgeführten Studie bejahten z. B. 61 % der Männer, aber nur 54% der Frauen die Frage "Können Sie eine Mundart, einen Dialekt sprechen?" (nach Ammon; zitiert nach König 1978, 134), jeweils 12% meinten damals "ein wenig", der Rest "nein". Die Studierenden von heute beantworten die gleiche Frage zumeist vorsichtiger; vor allem Studentinnen kreuzten am liebsten die nicht genau definierte Rubrik "ein wenig" an. Hier die genauen Zahlen:

Selbsteinschätzung der Dialektkompetenz (1988 – 1994)

	nein	ein wenig	ja
Studenten	39	99	157
Studentinnen	275	421	406

In der prozentualen Darstellung werden die relativ großen Unterschiede in der Selbsteinschätzung der Dialektkompetenz zwischen Männern und Frauen deutlicher (Abb. 2).

Ein Hinweis zur Qualität dieser Selbsteinschätzung scheint mir wichtig. Sie entsprach keinesfalls stets der objektiven Realität, da die Antworten normalerweise relativ zu den individuell maßgeblichen Bezugsgruppen formuliert wur-

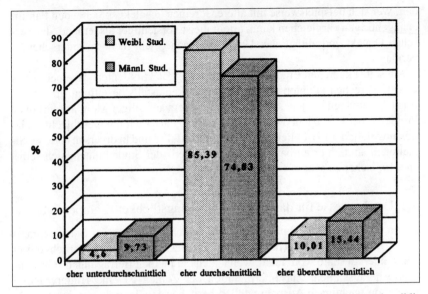

Abb. 1: Selbsteinschätzung der sprecherischen Qualitäten bei männlichen und weiblichen Studierenden der PH Heidelberg (1988–1994; in Prozent)

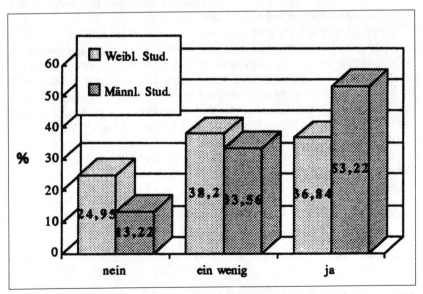

Abb. 2: Selbsteinschätzung der Dialektsprechkompetenz bei männlichen und weiblichen Studierenden der PH Heidelberg (1988–1994; in Prozent)

den. Wer sich beispielsweise mit älteren, "reinen" Dialekt sprechenden Familienangehörigen vergleichen kann, urteilt meist vorsichtiger als jemand, der zwischen Dialekt und alltäglicher Umgangssprache nicht mehr zu unterscheiden vermag.

Ich selbst kann den Eindruck der Befragung, daß Studenten allgemein mehr Dialekt sprechen könnten als Studentinnen, keinesfalls bestätigen. In meinen Einzelberatungen für jene, die wegen besonders auffälliger Mundartmerkmale Probleme bei Unterrichtsversuchen bekamen, entsprach die Geschlechterrelation ungefähr der PH-üblichen Verteilung. Auffällig und in diversen anderen Situationen ähnlich erfahrbar ist aber die Tendenz der Studentinnen, sich selbst eher kritischer zu sehen.

3.3. Das Interesse für das Thema Sprechängstlichkeit/Lampenfieber

Kaum ein zweites sprechpädagogisches Thema erweckt in der Seminarpraxis soviel Interesse wie das Thema "Lampenfieber" bzw. Sprechängstlichkeit; es verwundert deshalb wohl nicht, wenn auch bei meinen Befragungen sehr hohe Werte herauskamen. Zur Interpretation der Zahlen ist eine Hintergrundinformation wichtig: in Ausnahmefällen besuchen Studierende vor den Einführungsübungen mein Seminar "Sprechen ohne störendes Lampenfieber". Kommen diese später in meine "Grundlagen", so steigt die Zahl der am Thema "weniger Interessierten" signifikant an, während auf denselben Fragebögen "eher große Vorkenntnisse" angegeben werden.

In dieser Untersuchung geht es primär um die geschlechtsspezifischen Unterschiede. Die Vermutung drängt sich auf, daß Frauen stärker unter Redescheu in öffentlichen bzw. streßigen Situationen leiden. Ein Indiz dafür ist beispielsweise das Literaturangebot. Mir ist kein spezielles Werk "Lampenfieberabbau für Männer" bekannt, wohl aber eine Reihe entsprechender Angebote für Frauen, z. B. die im Literaturverzeichnis genannten Bücher von Berckhan et al. (1993); Bloom et. al. (1979); Fey (1993) und Tillner u. Franck (1990).

Die absoluten Zahlen in der folgenden Tabelle können jedoch trügen, wenn nur die ersten beiden Spalten betrachtet und die unterschiedlich großen "Ausgangspopulationen" übersehen werden. Deshalb ist gerade hier die prozentuale Darstellung (Abb. 3) aussagekräftiger.

Das Interesse am Thema Sprechängstlichkeit/"Lampenfieber" (1988–1994)

	gleich Null	eher klein	eher groß
Studenten	20	60	218
Studentinnen	30	138	928

Als Resultat dieser Befragung bleibt festzuhalten: Die überwiegende Mehrheit der Studenten interessiert sich ebenso für den Problemkreis Sprechängstlich-

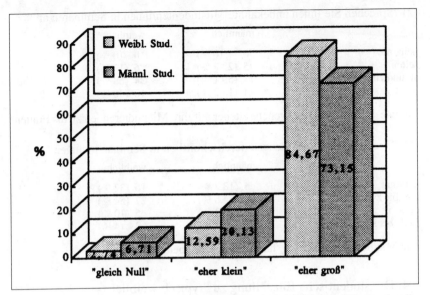

90 — Weibl. Stud.

80 — Männl. Stud.

Abb. 3: Interesse an "Verminderung von Sprechängstlichkeit" bei männlichen und weiblichen Studierenden der PH Heidelberg (1988 – 1994; in Prozent)

keit/Lampenfieber wie die meisten Studentinnen. Die Quote jener, die das Thema eher als unwichtig empfinden, ist bei Männern allerdings deutlich höher.

Ähnliche Ergebnisse erbrachte eine andere, kleinere Fragebogenaktion. Mein Dank gilt für den folgenden Abschnitt Frau Ute Reinhardt-Klein, die unter Benutzung meines Materials in einem pädagogischen Seminar an unserer Hochschule 72 Mitstudierende (22 Männer, 50 Frauen im Alter zwischen 19 und 34 Jahren) mit unterschiedlichen Semesterzahlen (1.–8. Sem.) zu Unterschieden im Sprachverhalten von Männern und Frauen befragte und mir anschließend ihre Ergebnisse und Interpretationen mitteilte. Folgende Aspekte wurden dabei behandelt:

(1) "Ich werde nervös, wenn ich vor einer größeren Gruppe sprechen soll"

	männlich	weiblich
nein, gar nicht	2 (9,1%)	1 (2%)
etwas	14 (63,7%)	21 (42%)
ja, schon	5 (22,7%)	18 (36%)
ja, sehr	1 (4,5%)	10 (20%)

Eine genauere Analyse des Antwortverhaltens erbrachte die Tendenz, daß vor allem jüngere Frauen mit niedriger Semesterzahl die höhere Nervosität zugaben.

(2) "Sprechen Sie Ihnen unbekannte Mitstudenten/innen in Seminaren an?"

	männlich	weiblich
nein, nie	0 (0 %)	0 (0 %)
selten	5 (22,7 %)	6 (12 %)
ab und zu	13 (59,1 %)	34 (68 %)
ja, oft	4 (18,2 %)	10 (20 %)

Leichte Tendenz: Männer gehen seltener auf ihre Mitstudierenden zu als Frauen.

(3) "Wie häufig melden Sie sich durchschnittlich in Seminarsitzungen?"

	männlich	weiblich
keinmal	4 (18,2 %)	16 (32 %)
ein- bis zweimal	12 (54,6 %)	27 (54 %)
drei- bis viermal	6 (27,3 %)	5 (10 %)
fünf- bis sechsmal und mehr	0 (0 %)	2 (4 %)

Die Männer geben also an, häufiger Seminarbeiträge zu liefern.

3.4. Die studentische Einstellung zu "typisch weiblich – typisch männlich"

Die im vorangegangenen Abschnitt erwähnte Fragebogenaktion von Ute Reinhardt-Klein interessierte sich auch dafür, ob und wie einige bekannte Hypothesen zum geschlechtsspezifischen Sprachverhalten (vgl. die Literatur) von Lehramtsstudierenden bestätigt werden. Dazu wurde der folgende "Lückentext" entwickelt; in Klammern habe ich die dazugehörige Hypothese ergänzt:

(4) "Bitte ergänzen Sie die folgenden unvollständigen Sätze mit den Begriffen "Frauen" und "Männer":

(4.1) "In Gesprächen dominieren meist die .... (Männer). Sie übernehmen häufiger die Gesprächsleitung und bringen mehr Beiträge ein".

(4.2) "......... (Männer) unterbrechen .... (Frauen) häufiger als umgekehrt".

(4.3) "Den Beiträgen der .... (Männer) wird oft eine größere Wichtigkeit beigemessen; Beiträge von .... (Frauen) werden seltener wiederaufgenommen und weiterverfolgt".

(4.4) "......... (Männer) behaupten mehr, ... (Frauen) fragen mehr".

(4.5) "......... (Frauen) argumentieren häufig emotionaler, ... (Männer) sachlicher".

(4.6) "......... (Männer) zeigen mehr Aggressionen im Gespräch".

Bei dieser Fragegruppe wurden zum Teil kritische Äußerungen anonym zu Papier gebracht ("plakativ", "einseitig", "Klischees"), die Ergebnisse stimmten jedoch durchweg mit den bekannten Trends überein, vor allem bei den Thesen (4.3), (4.4) und (4.5). Auffallend war, daß bei den Frauen immer höhere Übereinstimmungen mit den z. B. von Trömel-Plötz u. a. (vgl. Literaturverzeichnis) veröffentlichten Ergebnissen festzustellen waren; z. B. ergänzten bei Frage (4.2) nur 12 Männer (54,6%), aber 34 Frauen (68%) die Vorgabe zu "Männer unterbrechen Frauen häufiger als umgekehrt".

Schließlich erhielten die Seminarteilnehmenden noch folgende Aufforderung:

"Bitte charakterisieren Sie Ihren eigenen Gesprächsstil mit Hilfe der untenstehenden Adjektive. Kreuzen Sie die drei Eigenschaften an, die für Sie am ehesten zutreffen":

sachlich O	bescheiden O	fordernd O
spontan O	kritisch O	distanziert O
konfliktvermeidend O	provokativ O	aggressiv O
emotional O	entschieden O	zurückhaltend O
geduldig O	rücksichtsvoll O	witzig/originell O
kompromißbereit O	verständnisvoll O	gut zuhören können O
faktenbezogen O		

Die ermittelte Rangfolge der Eigenschaften bestätigte überwiegend die Erwartungen; hier werden nur die sieben "Spitzenreiter" genannt:

Frauen:	Männer:
1. gut zuhören können	1. kritisch
2. kompromißbereit	2. provokativ
3. spontan	3. sachlich
4. emotional	4. faktenbezogen
5. kritisch	5. spontan
6. zurückhaltend	6. kompromißbereit
7. verständnisvoll	7. gut zuhören können.

3.5. Unterschiede bei den Unterrichtsbeispielen

Ein regelmäßig eingesetzter Übungsbaustein gegen Ende meiner sprecherzieherischen Grundlagenveranstaltungen für zukünftige Lehrkräfte ist die "Pädagogische Sequenz". Jeweils drei bis fünf Minuten lang dürfen Studierende ihre Fähigkeiten demonstrieren, anderen eine vorher abgesprochene und für diese überwiegend neue Thematik zu vermitteln, z. B. Erfahrungen aus anderen Seminaren weitergeben, Bücher, Filme, Urlaubsziele vorstellen, praktische Übungen durchführen oder Klärungsgespräche leiten. Vom monologischen Referieren bis hin zur engagierten Gruppendiskussion ist alles zulässig. Die Übungen werden mit Video aufgezeichnet und anschließend (meist eine Woche später) ausgewertet. Nach Aussagen der Studierenden entspricht der Streßgrad trotz insgesamt relativ entspannter Atmosphäre ungefähr dem der obligatorischen Lehrproben in den Schulen. Die grundsätzlich zugesicherte Möglichkeit einer Nichtteilnahme wird nur extrem selten wahrgenommen (bisher erlebte ich dies erst dreimal bei weit über 2000 Teilnehmenden).

Folgende Tendenzen fielen mir bei diesen Unterrichtsbeispielen auf:

– Das Phänomen Lampenfieber ist – wie zu erwarten – sowohl bei Studenten wie bei Studentinnen fast stets bemerkbar, die Symptome unterscheiden sich individuell erheblich, jedoch nicht unbedingt geschlechtsspezifisch.
– Studentinnen sprechen häufiger ihre Spannung selbst an.
– Die in der Populärliteratur erwähnten "typisch weiblichen" Körperhaltungen (Schlüter-Kiske 1987, 14ff) treten bei Studentinnen fast nie auf.
– Studenten nehmen zur Kompensation von Lampenfiebererscheinungen häufiger eine demonstrativ lässige, entspannt scheinende Haltung ein.
– Studenten agieren häufiger monologisch, Studentinnen häufiger dialogisch.
– Studentinnen versuchen häufiger, mit einleitenden Fragen die Interessen der Gruppe zu ermitteln.
– In Diskussionen bevorzugen Studenten rationale Argumentationsmuster, Studentinnen bringen häufiger persönliche Erfahrungen ins Spiel.

Für alle genannten geschlechtsspezifischen Tendenzen könnte ich allerdings auch zahlreiche Gegenbeispiele präsentieren: zum Beispiel Studentinnen, die extrem "cool" wirkten bzw. ihre Beiträge in Form einer Aneinanderreihung von Fakten formulierten, oder Studenten, die ehrlich einen vermeintlich drohenden Blackout ansprachen bzw. mit echten und offenen persönlichen Fragen eine höchst kommunikative Atmosphäre schafften.

4. Die Konsequenzen

Verallgemeinerungen sind zwar oft nötig, jedoch nicht immer hilfreich. Alle Ergebnisse meiner Untersuchungen zeigen deutlich, daß es zwar tendenzielle Unterschiede im Kommunikationsverhalten, aber gleichzeitig auch große Überlappungsbereiche gibt. Die Bandbreite der individuellen Kommunikationsfähigkeiten läßt eine Vereinfachung auf die Dichotomie "männlich – weiblich" nicht zu. Im Gegenteil könnten dadurch Gefahren von Schubladendenken bis hin zur bekannten "self fulfilling prophecy" entstehen. Gerade bei zukünftigen Lehrkräften scheint der Anteil der eher "männlich" agierenden Frauen und der "weiblich" kommunizierenden Männer überdurchschnittlich hoch. Der Sprechpädagogik bleibt also weiterhin die Aufgabe, in ihren Veranstaltungen die für die jeweilige Situation kommunikationsfördernden und -störenden Eigenarten deutlich zu machen – mit persönlichen Aussagen ("Feedback"), die individuell für jede Person, für jeden Menschen formuliert werden sollten.

Literatur

Arbeitskreis Sexismus beim AStA der PH Heidelberg (Hrsg.): Ringvorlesung "Sexismus". Heidelberg 1988

Berckhan, B., Krause, C., Röder, U.: Schreck laß nach! Was Frauen gegen Redeangst und Lampenfieber tun können. München 1993

Bloom, L. Z., Coburn, K., Pearlman, J.: Die selbstsichere Frau. Anleitung zur Selbstbehauptung. Reinbek 1979

Eisler-Mertz, C.: Selbstsicherheit durch Körpersprache. Das Training zum selbstbewußten Auftreten. München 1989

Enders-Dragässer, U., Fuchs, C.: Interaktionen der Geschlechter. Sexismusstrukturen in der Schule. Weinheim-München 1989

Fast, J.: Typisch Frau! Typisch Mann! Warum Mann und Frau so verschieden sind und trotzdem harmonieren können. Reinbek 1977

Fey, G.: Selbstsicher reden – selbstbewußt handeln. Rhetorik für Frauen. Berlin-Bonn-Regensburg 1993

König, W.: dtv-Atlas zu deutschen Sprache. Tafeln und Texte. München 1978

Kotthoff, H. (Hrsg.): Das Gelächter der Geschlechter. Humor und Macht in Gesprächen von Frauen und Männern. Frankfurt/M. 1988

Rogers, N. H.: Frei reden ohne Angst und Lampenfieber. München 1985

Schlüter-Kiske, B.: Rhetorik für Frauen. Wir sprechen für uns. München 1987

Schultz-Medow, E.: Nehmen Sie kein Blatt vor den Mund! Ein Rede-Kurs für Frauen. Reinbek 1988

Tillner, C., Franck, N.: Selbstsicher reden. Ein Leitfaden für Frauen. München 1990

Trömel-Plötz, S.: Frauensprache – Sprache der Veränderung. Frankfurt/M. 1982

Trömel-Plötz, S. (Hrsg.): Gewalt durch Sprache. Die Vergewaltigung von Frauen in Gesprächen. Frankfurt/M. 1984

Wagner, R. W.: Grundlagen der mündlichen Kommunikation. Sprechpädagogische Informationsbausteine für alle, die viel und gut reden müssen. 5. Aufl. Regensburg 1994

Mitarbeiterverzeichnis

Susanne Becker
Roßgarten 5, 35041 Marburg

Dr. Elisabeth Böhm
Germaniaplatz 29, 60385 Frankfurt/M.

Dr. Gudrun Fey
Leinenweberstraße 61A, 70567 Stuttgart

Dr. Christa M. Heilmann
Philipps-Universität Marburg
Institut für Germanistische Sprachwissenschaft
Abteilung Sprechwissenschaft
Wilhelm-Röpke-Straße 6c, 35032 Marburg

Dr. Albert F. Herbig
Lessingstraße 47, 66121 Saarbrücken

Beate Josten
Kreuzstraße 8, 31542 Bad Nenndorf

Dr. Helga Kotthoff
Institut für Sprachwissenschaft
Angewandte Sprachwissenschaft
Berggasse 11/1/3, A-1090 Wien

Prof. Verena Rauschnabel
Hochschule für Musik und Theater
Harvestehuder Weg 12, 20148 Hamburg

Prof. Margit Reinhard-Hesedenz
Irgenhöhe 6, 66119 Saarbrücken

Antje Schmidt
Schkeuditzer Straße 19, 04155 Leipzig

Jo E. Schnorrenberg
Lindenstraße 17, 50674 Köln

Dr. Edith Slembek
Section d'allemand, Université de Lausanne
BFSH II, niveau 5, CH 1015 Lausanne

Dr. Caja Thimm
Ruprecht-Karls-Universität Heidelberg
SFB 245, Psychologisches Institut
Hauptstraße 47–51, 69117 Heidelberg

Roland W. Wagner
Pädagogische Hochschule Heidelberg
Fak. II, Abt. Sprecherziehung
Keplerstraße 87, 69120 Heidelberg

Sprache und Sprechen

Herausgegeben von der
Deutschen Gesellschaft für
Sprechwissenschaft und Sprecherziehung e.V.
(DGSS)

Band 26

Sprechen – Hören – Sehen

Rundfunk und Fernsehen in Wissenschaft und Praxis

Herausgegeben von Klaus Pawlowski

1993. 277 Seiten. 27 Abbildungen. (ISBN 3-497-01291-2)

Was ist eine gute Moderation? Warum sind Talk-Shows publikumswirksam, Interviews häufig so langweilig und Nachrichtensendungen oft schwer zu verstehen? Sprech- und Medienwissenschaftler liefern in diesem Buch wichtige Beiträge zur Medienanalyse und Medienkritik. Journalisten entwerfen Programme für eine Arbeit mit und in den Medien. Sprecherzieher und Medienpädagogen bieten didaktische Konzepte und methodische Modelle zur Aus- und Fortbildung von Hörfunk- und Fernseh-Journalisten.

Band 27

Körpersprache

Diagnostik und Therapie von
Sprach-, Sprech- und Stimmstörungen

Herausgegeben von Geert Lotzmann

1993. 149 Seiten. 15 Abbildungen. (ISBN 3-497-01302-1)

Die Körpersprache bzw. die nonverbale Kommunikation ist ein nicht zu unterschätzender Faktor in der mündlichen Kommunikation. Dabei scheint es sinnvoll, bei der nonverbalen Kommunikation zwischen "vokaler" und "nonvokaler" zu unterscheiden. "Vokale" nonverbale Kommunikation meint den "hörbaren" Anteil, vor allem den Stimmausdruck. "Nonvokal" ist der "sichtbare" Anteil bei der mündlichen Kommunikation, also das, was gemeinhin als Körpersprache bezeichnet wird: Mimik, Gestik, Blickkontakt, räumliches Verhalten und anderes. In diesem Band werden neuere Erkenntnisse über beide nonverbalen Aspekte für die Diagnose und Therapie von Sprach-, Sprech- und Stimmstörungen beschrieben.

Ernst Reinhardt Verlag München Basel

Sprache und Sprechen

Herausgegeben von der
Deutschen Gesellschaft für
Sprechwissenschaft und Sprecherziehung e.V.
(DGSS)

Band 28

Aussprache
Vielfalt und Methodenstreit

Herausgegeben von Carl L. Naumann und Hans-W. Royé

1993. 140 Seiten. 6 Abbildungen. (ISBN 3-497-01303-x)

Was ist die korrekte Aussprache des Deutschen? Wie soll sie gelehrt werden? Die Diskussion über die Aussprache – in den letzten Jahrzehnten der deutschen Teilung nur mit Samthandschuhen angefaßt – kommt jetzt wieder in Gang. Die Beiträge dieses Bandes demonstrieren in ihrer Gesamtheit die Vielfalt der Normen und spezifischen Zwecke: Unterschiedliche Institutionen und Sprachverwendungen benötigen unterschiedliche Normen und erfordern einen kreativen, phantasievollen Gebrauch der verschiedenartigen Methoden des Aussprache-Unterrichts.

Band 29

Sprechen – Führen – Kooperieren
in Betrieb und Verwaltung

Herausgegeben von Elmar Bartsch

1994. 392 Seiten. 150 Abbildungen. (ISBN 3-497-01338-2)

Nur wenn die Kommunikation in Unternehmen stimmt, ist die notwendige Kooperation möglich. Sprechwissenschaftler arbeiten an Modellen einer Sprechkultur, die die Kompetenz des einzelnen erhöht und auch Gruppen befähigt, sich effektiv zu organisieren. Dieser Band stellt die neuesten Entwicklungen eines Faches dar, das in Zukunft wesentlich dazu beitragen wird, die kooperativen Leistungen in Betrieben und Verwaltungen zu erhöhen.

Ernst Reinhardt Verlag München Basel

Sich verständlich ausdrücken

Anleitungstexte, Unerrichtstexte, Vertragstexte, Amtstexte,
Versicherungstexte, Wissenschaftstexte u. a.

Von Inghard Langer, Friedemann Schulz v. Thun und Reinhard Tausch

5. Auflage 1993. 175 Seiten (ISBN 3-497-01284-x)

Viele Bücher, Artikel, Antragsformulare, Vertragstexte und Vorträge könnten bedeutend verständlicher sein und uns damit viel Mühe beim Lesen und Zuhören ersparen. Die Verfasser dieses Buches weisen nach: Von vier Merkmalen hängt es entscheidend ab, ob Informationen schwer oder leicht verständlich für Leser und Zuhörer sind. Sie zeigen die Bedeutung dieser vier Merkmale an einer Fülle von Beispielen, an Unterrichtstexten, Versicherungstexten, Wissenschaftstexten, Verlautbarungen von Behörden u. a. Durch ein einfaches Trainingsprogramm ermöglichen sie es jedem Leser, sich zukünftig verständlicher auszudrücken. Das Buch ist geschrieben für Lehrer aller Schularten, Personen in Verwaltung, Wirtschaft und Politik – kurz für alle, deren Aufgabe es ist, andere zu informieren und sich dabei verständlich auszudrücken.

Beratungsstrategien – Beratungsziele

Von Harold Hackney und L. Sherilyn Cormier

3. Auflage 1993. 189 Seiten. (ISBN 3-497-01267-x)

Dieses Buch beginnt dort, wo andere aufhören, und legt in klaren Worten dar, was sonst oft der bloßen Vermutung überlassen bleibt. Dieser eindeutige Bezug zur Praxis der Gesprächsführung und die detaillierte Sammlung verbaler Techniken geben dem Berater Anregungen zur kritischen Reflexion eigenen Tuns und liefern ihm ein Konzept zur "Mitwirkung" bei der Beratung. Diese Intention schließt eine unkontrollierte, nicht verantwortbare Anwendung von speziellen Vorgehensweisen aus, wie man sie sonst nur in einer qualifizierten Ausbildung erwerben kann. Ein Selbsttrainingsprogramm erleichtert dem Leser die Verarbeitung des Stoffes zur Überprüfung seiner Fertigkeiten.

Ernst Reinhardt Verlag München Basel

Phänomen Stimme

Von

Horst Gundermann

1994. 164 Seiten. (ISBN 3-497-01339-0)

Ein ungewöhnlicher und spannender Überblick zum Thema "Stimme" – in gut lesbarer, lockerer Form, eine aufschlußreiche Lektüre für alle, die das Phänomen Stimme in einem größeren Zusammenhang verstehen wollen: Berufssprecher, Schauspieler, Sänger, Atemtherapeuten, Sprecherzieher, Logopäden, Sprach-, Sprech- und Stimmtherapeuten sowie allgemein interessierte Leser jenseits aller Fachdisziplinen.

Inhalt

Faszinosum Stimme

Evolution der Stimme

Die Sprechstimme

Die Singstimme

Die gestörte Stimme

Stimme und Gesellschaft

Stimme in der bildenden Kunst

Stimme in der Literatur

Stimmen im Tierreich

Stimme im Laboratorium

Nachgedanken
zum Phänomen Stimme

Ernst Reinhardt Verlag München Basel